# Guía de arquitectura Madrid

Edificios y proyectos desde 1919

# Guía de arquitectura Madrid

Edificios y proyectos desde 1919

Juan Valle Robles
Irene Valle Robles

DOM publishers

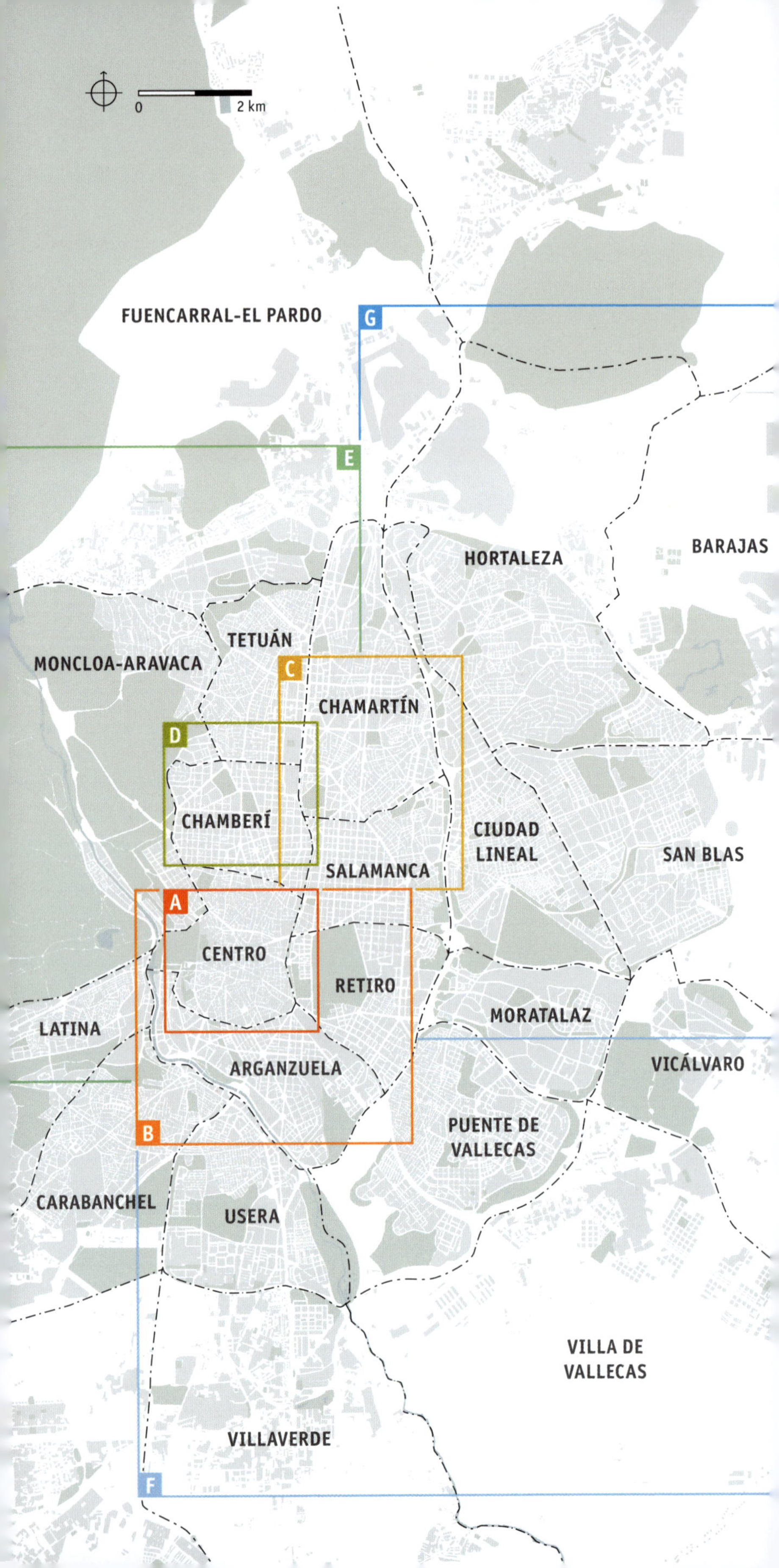

0
2 km
FUENCARRAL-EL PARDO
G
E
HORTALEZA
BARAJAS
TETUÁN
MONCLOA-ARAVACA
C
CHAMARTÍN
D
CHAMBERÍ
CIUDAD LINEAL
SAN BLAS
SALAMANCA
A
CENTRO
RETIRO
LATINA
MORATALAZ
VICÁLVARO
ARGANZUELA
B
PUENTE DE VALLECAS
CARABANCHEL
USERA
VILLA DE VALLECAS
VILLAVERDE
F

# Contenido

Vista de los tejados de Madrid desde el Círculo de Bellas Artes

# Introducción

El proyecto de la Gran Vía es sin duda una de las mayores operaciones urbanísticas llevadas a cabo en Madrid hasta la fecha de hoy. Esta ambiciosa intervención, cuyo proyecto se empezó a desarrollar de manera coetánea al Plan Haussmann para la remodelación urbana de París, llegó a durar casi cuatro décadas, causando un gran impacto social, económico y cultural en la ciudad. Con la finalización de las obras de la Gran Vía a finales de los años veinte se inició la transición de la antigua ciudad histórica hacia la moderna metrópolis que Madrid estaba llamada a ser. Esta guía de arquitectura se centra en algunos de los proyectos más importantes desde 1919.

Los 150 proyectos están organizados en siete itinerarios. No están incluidos edificios que no se pueden visitar o ver desde el exterior, especialmente viviendas unifamiliares, pese a la indudable influencia que han tenido algunas en el patrimonio arquitectónico. En algunos otros edificios aquí analizados no está permitida la entrada de manera regular, pero la mayoría organiza visitas con cita previa. Un buen momento para conocer la ciudad es durante el mes de octubre, cuando se celebra la Semana de la Arquitectura de Madrid, una acción cultural que tiene lugar anualmente, y en la que se realizan visitas guiadas por los edificios más interesantes.

Vista de la Gran Vía con el icónico Edificio Capitol

# Madrid metrópolis

*Juan Valle Robles*

«... La necesidad construyó la ciudad cuando no teníamos medios rápidos y universales de transporte, y no teníamos medios de comunicación excepto por varios contactos personales directos. Entonces la ciudad se convirtió naturalmente en el gran lugar de reunión, el gran centro, la fuente inmediata de riqueza y poder en el desarrollo humano [...] Lo que en un tiempo hizo que la ciudad tuviera un gran y poderoso interés para el hombre [...] Llevara a la ciudad a otra parte, y la convirtiera en otra cosa [...] La libertad del alcance y el movimiento humano, y por lo tanto el horizonte humano como esfera de acción, se han ampliado inconmensurablemente en una década, por obra del nuevo servicio prestado por la máquina. La horizontalidad ha recibido un ímpetu que ensancha sin medida las actividades humanas [...] La necesidad de concentración que edificó originariamente la ciudad, está llegando a su fin.»

Frank Lloyd Wright
*Modern Architecture: Being the Kahn Lectures for 1930, Princeton University Press*

La ciudad es, seguramente, la más importante y trascendente invención colectiva realizada por el hombre a lo largo de la historia de la civilización. Hoy, como ayer y seguramente en el futuro, la ciudad continúa siendo un espacio vital, polimórfico y lleno de contradicciones y tensiones, en el cual los habitantes del planeta ponen en práctica sus vidas a diario. No es posible tratar de explicar el estado de las ciudades siguiendo una teoría urbana única. Son espacios de gran complejidad en los que conviven e interactúan múltiples dinámicas, muchas veces contradictorias entre sí, y donde la fragmentación y las disparidades sociales, cada vez más polarizadas, no dejan de aumentar.

Madrid es en la actualidad una gran ciudad: una realidad social, cultural y económica resultado de diferentes operaciones ligadas al desarrollo urbanístico y arquitectónico de los últimos años. Esta guía de arquitectura focaliza el interés en el centro metropolitano de Madrid, realizando un análisis previo del pasado y presente de su región. El libro pretende realizar una breve exposición de lo acontecido en la ciudad desde 1919 —coincidiendo aproximadamente con el fin del primer tramo de la importante intervención urbana que supuso la Gran Vía— hasta nuestros días. La ciudad siempre ha estado en proceso, el cambio se está fraguando desde su origen. Su actual resurgimiento urbano, muy desarrollado en las últimas décadas tanto en el área central como en las zonas más periféricas, ha servido como excusa para llevar a cabo este libro, que trata de difundir algunos de los ejemplos arquitectónicos más importantes de la ciudad, para poder comprender su historia y transformación urbana más reciente.

Madrid ha pasado por diferentes procesos en su pasado más inmediato. En la segunda mitad del siglo XX se desarrollaron diversos saltos de organización y escala que se pueden agrupar en tres etapas: la formación del área metropolitana, la conformación de una ciudad-región en red, y la creación del territorio post-metropolitano. La formación del área metropolitana se desarrolló durante las décadas de los sesenta y setenta del siglo XX. La estructura urbana de Madrid —ciudad tradicional con un tejido urbano continuo y compacto— se vio envuelta en un esquema concéntrico, que contaba con la vía de circunvalación M-30 y la red de metro en el área central, y las carreteras radiales y ferrocarriles en la periferia metropolitana. En esta etapa, la ciudad se caracterizó por reunir todas las instituciones, las universidades, los servicios y la actividad comercial y cultural. La periferia, con un uso residencial extendido, se caracterizó por su segregación del centro urbano y por su polarización social en relación a las rentas de sus habitantes. La división social se estableció conforme a una pauta muy simple; las rentas más elevadas se situaron en el norte y oeste de la región, y las menores en el sur y este. La primitiva red de carreteras y ferrocarriles, y los históricos núcleos rurales más próximos, fueron la base para el surgimiento de un gran número de ciudades-dormitorio de crecimiento rápido y escasa planificación. Estos nuevos pueblos nacieron sin apenas infraestructuras básicas, y en situación de completa dependencia de empleo y servicios esenciales con respecto al centro de Madrid. Los desequilibrios asociados a esta forma de crecimiento son evidentes. El desarrollo fragmentado y discontinuo entre el centro y la periferia favorece una

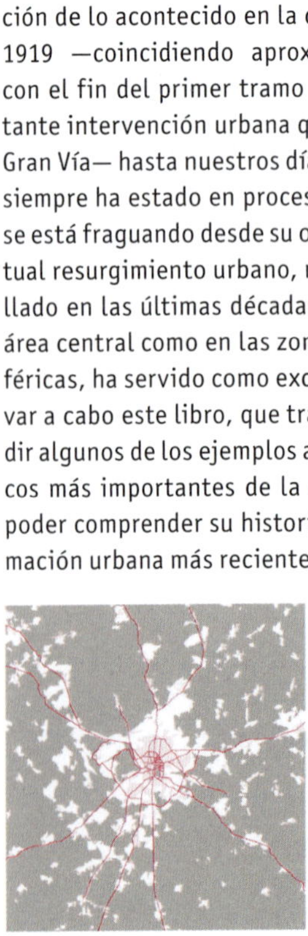

**Área metropolitana, 1960**

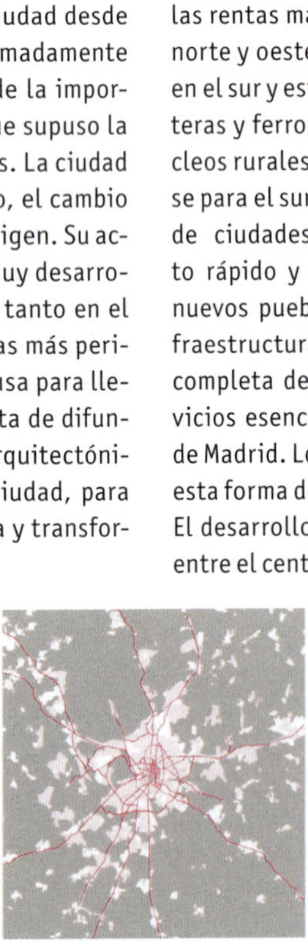

**Región polinuclear, 1978**

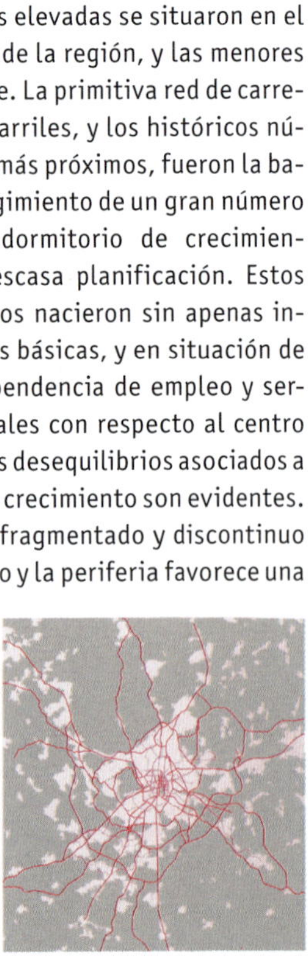

**Post-metropolitana, 2000**

**Vista aérea de la región de Madrid**

segregación social que provoca desequilibrios en la distribución de empleo, servicios y calidad ambiental, condicionando la calidad de vida de la población.

Este contexto urbano y social explica las bases sobre las que se creó la renovación del urbanismo en la década de los ochenta. Durante este período, la mejora de la calidad urbana y ambiental de las periferias ya construidas se asoció a políticas regionales de equilibrio territorial por medio de la distribución de grandes infraestructuras y equipamientos. Este interés por un nuevo modelo conecta con el urbanismo de finales del siglo XIX y principios del XX, cuando este se desarrollaba como una herramienta de transformación social y no únicamente como instrumento de regulación. La conformación de la ciudad como región con varios núcleos urbanos tuvo lugar durante las décadas de los ochenta y noventa, en las que se realizaron políticas de organización del territorio. La mejora de las conexiones produjo un nuevo salto en la escala territorial metropolitana, de los 35 a los 90 km, con la ampliación de una gigantesca infraestructura urbana. Estos cambios de escala y tiempo en las conexiones periféricas comenzaron con la apertura de las grandes autopistas —M-40, M-45 y M-50—, la mejora y modernización de la carretera de circunvalación ya existente, y la renovación del sistema ferroviario, con la ampliación de la red de Metro en el sur de la región. Esta mayor accesibilidad en escala y tiempo, provocó el crecimiento de los núcleos metropolitanos. La concentración de nuevos asentamientos residenciales ligados a grandes nodos de comunicación, propició la aparición de actividades económicas de mayor cualificación y mayor valor añadido, como entidades financieras, universidades, centros de investigación, hospitales y centros comerciales. De esta forma, se colonizaron nuevos espacios intersticiales respecto a los núcleos metropolitanos tradicionales, lo que sirvió para diluir la diferencia territorial entre la ciudad, los núcleos urbanos del norte y los del sur de la región.

La conformación de la ciudad como región supuso la superación de carencias significativas respecto a la fase formativa del área metropolitana, pero también la generación de nuevos y grandes desequilibrios territoriales. Con respecto a la creación del territorio post-metropolitano y la posterior organización fractal de la ciudad, en la última década hemos podido ver dos grandes factores urbanos que se han propiciado en la región de Madrid: el aumento de la superficie de suelo urbanizable —que se ha duplicado desde los años setenta— y el declive de los núcleos centrales tradicionales. Este crecimiento abrumador ha traído como consecuencia la multiplicación de los terrenos residuales, potencialmente urbanizables, situados siempre a los márgenes de las áreas ya urbanizadas. Las políticas de anillos verdes, utilizados a finales del siglo XX, son ahora olvidadas, y se han sustituido por la saturación de casi todos los vacíos urbanos metropolitanos. Estos fenómenos de saturación y revitalización económica de estos espacios son, en ocasiones, un tanto contradictorios. Según Edward Soja, Madrid metrópolis se encuentra actualmente en el umbral de un cambio cuantitativo y cualitativo, hacia la conformación de un nuevo territorio post-metropolitano. Este fenómeno, que se puede detectar en varias ciudades globales, trae consigo nuevas configuraciones en el territorio. En primer lugar, las nuevas autopistas han aumentado considerablemente el radio de acción de la red metropolitana. Este hecho aporta una nueva configuración a zonas como la Sierra de Guadarrama, al norte de la región, donde han aumentado de forma rápida el asentamiento de urbanizaciones de baja densidad. En segundo lugar, la red de líneas de ferrocarril de alta velocidad esta redibujando el mapa de Madrid, en el que se están incluyendo núcleos urbanos que distan de la capital entre 70 y 200 km, como son Toledo, Segovia, Guadalajara, Ávila, Talavera de la Reina y Valladolid. De esta forma, los territorios de la región son cada vez más amplios. La ciudad, geográficamente fragmentada y especializada en usos, se está transformando progresivamente en un territorio fractal. Por último, se ha apostado por la revitalización del centro de Madrid y por un modelo de ciudad continua con simultaneidad de actividades, usos y acontecimientos. Un gran número de proyectos, algunos de gran envergadura por iniciativa de la administración y del sector privado, han buscado fomentar la nueva centralidad de la metrópolis.

Desde el Ayuntamiento de Madrid se ha presentado recientemente uno de los ejemplos más representativos de los que se van a llevar a cabo: el proyecto de ampliación del Paseo de la Castellana, con las siguientes y espectaculares cifras: 100.000 m² de infraestructuras, 15.000 nuevas viviendas, 100.000 m² de espacios deportivos, 250.000 m² de equipamiento, 1.000.000 m² de comercio, ocio y finanzas, 300.000 m² de cubrimiento de vías ferroviarias, 650.000 m² de viario y 500.000 m² de zonas verdes.

La ciudad post-metropolitana no puede tratar de explicarse siguiendo una teoría urbana única, ya que su desarrollo ha supuesto un incremento de la complejidad y la diversificación funcional, con un modo de operar distinto a los tejidos tradicionales urbanos más densos, tanto en uso como en forma. El nuevo modelo se organiza por piezas de escala intermedia, donde se recrean micro-escalas de lo urbano en una estructura fractal más compleja. Este modelo territorial de ciudad fractal, adapta una forma de continuidad en el territorio como un mosaico de núcleos de escala media, que fomentan la segregación social. En él, cohabitan los guetos de inmigrantes en los espacios residuales de los tejidos consolidados con las urbanizaciones cerradas de más alto nivel económico. Esta geografía de la ciudad fractal tiene que ver con un

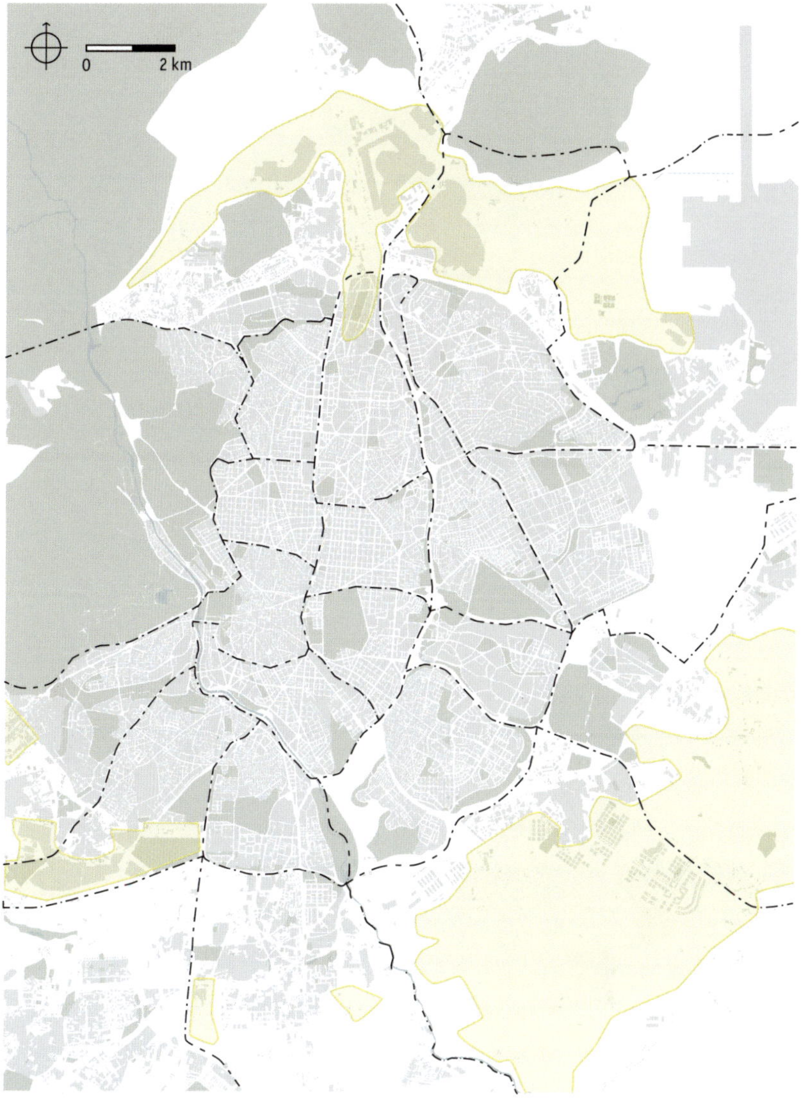


**Plano de los actuales desarrollos urbanos de Madrid**

nuevo orden-desorden social. Es lo que algunos como Manuel Castells han caracterizado como la «ciudad dual». Los matices sugeridos por Edward Soja, sin embargo, proponen que las crecientes diferencias son más polifacéticas que las oposiciones más simples de la etapa anterior —blanco o negro, burguesía o proletariado— y que esta mayor complejidad también se refleja en el espacio, con unas distribuciones mucho más fragmentadas, que presentan por tanto la necesidad de nuevos esquemas de interpretación.

La revisión y actualización de estas herramientas de planeamiento y control administrativo deben de ser actualizadas y/o descartadas con cierta celeridad. La cantidad de recursos —especialmente la energía y el suelo— necesarios para este modelo de desarrollo caracterizado por la expansión sin límites sobre el territorio, hacen que no sea el deseable para el futuro. En la actualidad, la preocupación común de arquitectos, urbanistas y de la administración, debería pasar por lograr estrategias más eficientes para incrementar la complejidad del sistema territorial, sin generar un aumento descontrolado de recursos. Quizás tengamos que dejar de colonizar el territorio, extendiendo la ciudad hacia horizontes cada vez más lejanos, y trabajar en la congestión de los espacios que ya hemos creado.

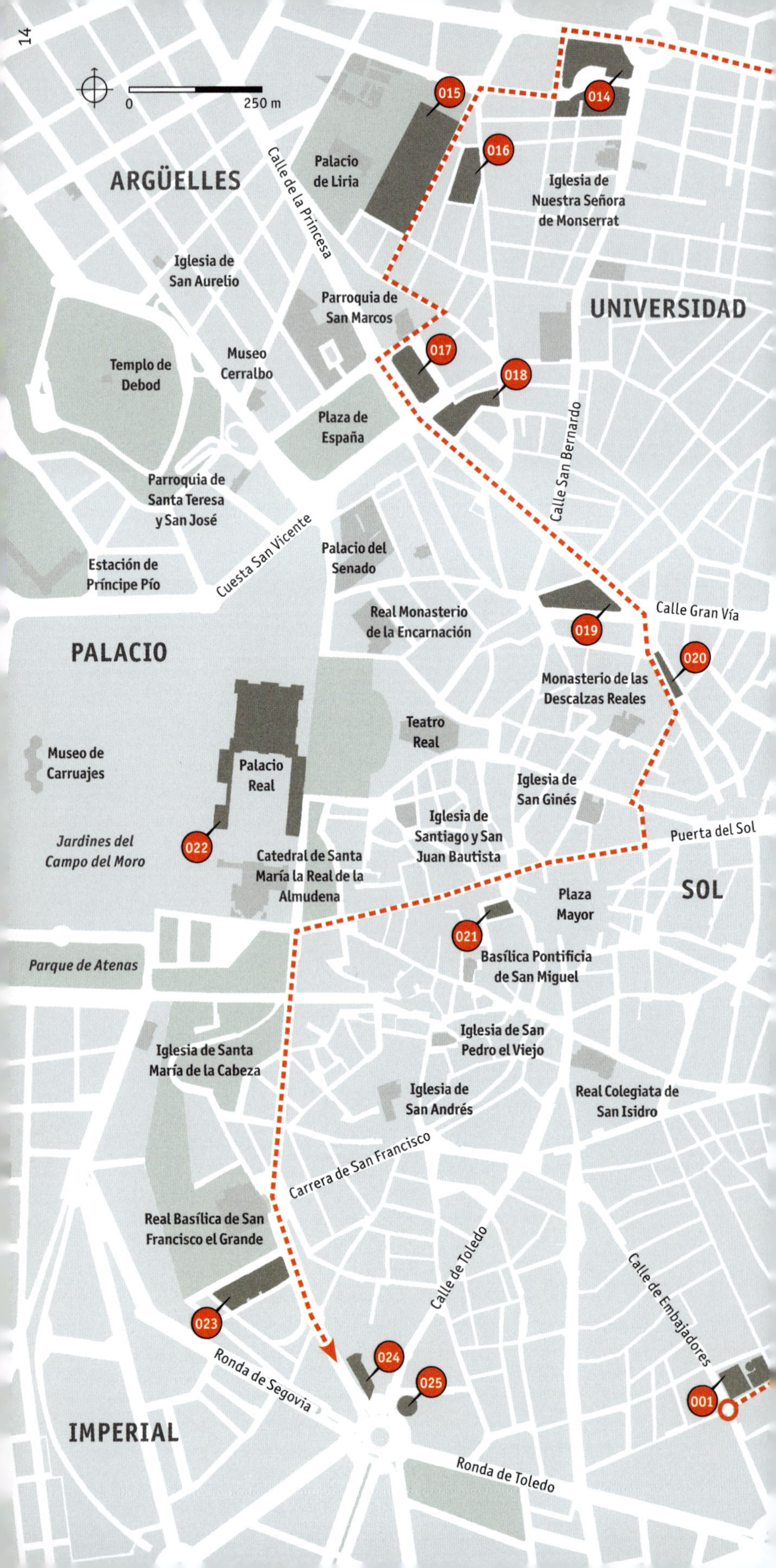
0
250 m
ARGÜELLES
Calle de la Princesa
Palacio de Liria
015
014
016
Iglesia de Nuestra Señora de Monserrat
Iglesia de San Aurelio
Parroquia de San Marcos
UNIVERSIDAD
Templo de Debod
Museo Cerralbo
017
018
Plaza de España
Calle San Bernardo
Parroquia de Santa Teresa y San José
Cuesta San Vicente
Palacio del Senado
Estación de Príncipe Pío
Real Monasterio de la Encarnación
Calle Gran Vía
019
020
PALACIO
Monasterio de las Descalzas Reales
Teatro Real
Museo de Carruajes
Palacio Real
Iglesia de San Ginés
Iglesia de Santiago y San Juan Bautista
Puerta del Sol
Jardines del Campo del Moro
022
Catedral de Santa María la Real de la Almudena
Plaza Mayor
SOL
021
Basílica Pontificia de San Miguel
Parque de Atenas
Iglesia de San Pedro el Viejo
Iglesia de Santa María de la Cabeza
Iglesia de San Andrés
Real Colegiata de San Isidro
Carrera de San Francisco
Real Basílica de San Francisco el Grande
Calle de Toledo
Calle de Embajadores
023
Ronda de Segovia
024
025
001
IMPERIAL
Ronda de Toledo

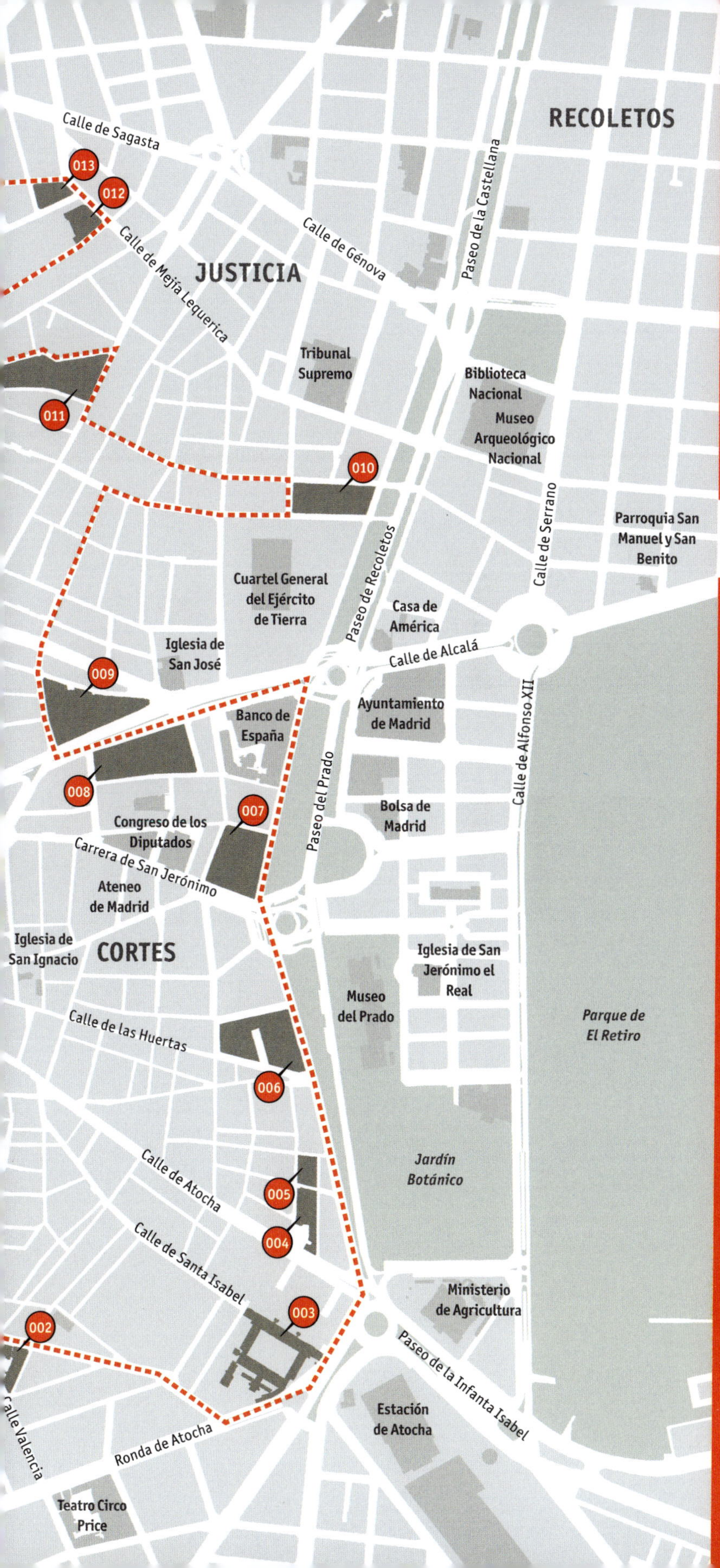
RECOLETOS
JUSTICIA
CORTES
Calle de Sagasta
Calle de Génova
Paseo de la Castellana
Calle de Mejía Lequerica
Tribunal Supremo
Biblioteca Nacional
Museo Arqueológico Nacional
Parroquia San Manuel y San Benito
Calle de Serrano
Paseo de Recoletos
Cuartel General del Ejército de Tierra
Casa de América
Calle de Alcalá
Iglesia de San José
Ayuntamiento de Madrid
Banco de España
Calle de Alfonso XII
Paseo del Prado
Bolsa de Madrid
Congreso de los Diputados
Carrera de San Jerónimo
Ateneo de Madrid
Iglesia de San Ignacio
Iglesia de San Jerónimo el Real
Museo del Prado
Parque de El Retiro
Calle de las Huertas
Calle de Atocha
Jardín Botánico
Calle de Santa Isabel
Ministerio de Agricultura
Paseo de la Infanta Isabel
Estación de Atocha
Calle Valencia
Ronda de Atocha
Teatro Circo Price
001
002
003
004
005
006
007
008
009
010
011
012
013

MESÓN DE PAREDES

## Centro asociado de la Universidad Nacional de Educación a Distancia, UNED (Antiguas Escuelas Pías de San Fernando)

001 A

Calle Tribulete, 14

*José Ignacio Linazasoro Rodríguez*

1996–2004

Las ruinas de este edificio, declaradas Bien de Interés Cultural en 1996, formaron parte de un conjunto eclesiástico fundado en 1729, que constaba de un colegio y una iglesia de gran envergadura. El proyecto original, de los arquitectos Francisco Ruiz y José Álvarez, planteaba una iglesia con capillas laterales y una impresionante cúpula, de la que se conservan los muros perimetrales de soporte y la fachada principal. El conjunto fue saqueado en 1936 y poco tiempo después derribado. Permaneció abandonado durante años, hasta que el Ayuntamiento de Madrid decidió recuperar y transformar las ruinas en una biblioteca pública, encargándole el proyecto al arquitecto José Ignacio Linazasoro, quien mantuvo el aspecto original de la obra integrándolo en un nuevo contexto urbano. La intervención arquitectónica incluye la restauración y rehabilitación, así como un proyecto de nueva construcción. El nuevo programa de usos se compone de aulas universitarias y una biblioteca, cuyo nuevo diseño se sitúa entre las antiguas ruinas del solar. La actuación se completa con la remodelación urbana de la plaza adyacente, transformada en antesala del nuevo proyecto. El espacio interior se caracteriza por el ambiente de penumbra que genera el paso de la luz natural a través de las ruinas, efecto presente a lo largo de toda la rehabilitación. Las ventanas de la nueva fachada sur recuerdan a la laboriosidad en el tratamiento de los huecos de Louis Kahn, tanto en la Casa Fisher como en la biblioteca de la Phillips Exeter Academy.

## » Teatro Valle-Inclán

002 A

Plaza de Lavapiés

*Ángela García de Paredes, Ignacio García Pedrosa*

1996–2006

Los grandes volúmenes del edificio presiden la Plaza de Lavapiés, en el barrio de Embajadores, adaptándose a la escala del contexto urbano. Este proyecto fue concebido desde el principio con la intención de regenerar el barrio en el que se encuentra. El teatro, con una superficie de más de 5.000 $m^2$, se apoya en las medianeras de los edificios colindantes y se adapta a la marcada geometría triangular del solar. La fachada está formada por tres grandes volúmenes de hormigón, que cierran la manzana y generan una plaza pública en un entorno compacto y consolidado. El acabado de estos volúmenes es un muro cortina de vidrio, que ilumina la plaza por las noches simulando una linterna y aporta una sensación de ligereza y permeabilidad. La sala principal es un espacio flexible, con tribuna retráctil, escenario ampliable, plataformas móviles y modernos sistemas técnicos que permiten la transformación del espacio según las necesidades de una sala de teatro de vanguardia. La versatilidad de sus salas permite acoger montajes sin limitación de configuraciones.

## » Ampliación del Museo Nacional Centro de Arte Reina Sofía

003 A

Ronda de Atocha, 2

*Jean Nouvel*

1999–2005

El Museo Nacional Centro de Arte Reina Sofía abrió sus puertas en 1986, tras la rehabilitación del antiguo Hospital General de Madrid, construido a finales del siglo XVIII por los arquitectos José de Hermosilla y Francisco Sabatini. La ampliación del edificio, en manos del arquitecto Jean Nouvel, se adosa a la fachada posterior del mismo, cerrando la manzana mediante tres volúmenes que configuran un nuevo patio interior. Situado cerca de la Estación de Atocha, el edificio crea un nuevo espacio público para la ciudad, una plaza protegida por una rotunda cubierta que refuerza su presencia urbana. Este techo constituye un ala unificadora que no toca el antiguo edificio, sino que se detiene a un metro de él para dejar pasar la luz natural. La idea del proyecto surgió a partir de la necesidad de crear un espacio que sirviera de soporte para nuevas acciones, actividades y exposiciones. Entre las nuevas instalaciones, se encuentra una biblioteca con un espectacular diseño interior en madera, dos auditorios, un restaurante y dos nuevas salas de exposiciones temporales.

**« Medialab Prado (Antigua Serrería Belga)**

004 A

Calle Alameda, 15
*María Langarita Sánchez, Víctor Navarro Ríos*
2008–2013

Cercano al Paseo del Prado, el edificio de la antigua Serrería Belga alberga las instalaciones de Medialab Prado desde el 2013. Es un espacio dedicado a la producción, investigación y difusión de la cultura digital. Este edificio, uno de los pocos ejemplos de arquitectura industrial de Madrid que aún se mantienen en pie, fue construido en la primera mitad del siglo XX por el arquitecto Manuel Álvarez Naya. De fachada clasicista, fue una de las primeras construcciones madrileñas en las que se empleó hormigón armado. Para su recuperación, los arquitectos pretendieron ir más allá del concepto tradicional de rehabilitación. Su intervención consistió en instalar en el edificio una serie de dispositivos que, agrupados en el interior, permitieran adaptar el espacio a los requerimientos actuales. Con respecto a los materiales empleados, se utilizaron principalmente sistemas de construcción ligeros, articulados y desmontables, para evitar condicionar futuras transformaciones del espacio. Además de ello, se intentó que cada elemento tuviera una doble función, y fuera además un soporte físico para la acción e investigación de los usuarios. Ejemplo de ello son los estores —que actúan como protectores solares y pantallas de proyección— o la utilización de la medianera trasera como fachada digital.

### ≈» CaixaForum Madrid (Antigua Central Eléctrica del Mediodía)

005 A

Paseo del Prado, 36
*Herzog & de Meuron*
2003–2008

La Central Eléctrica del Mediodía, realizada entre los años 1899 y 1916 por los arquitectos Jesús Carrasco-Muñoz Encina y José María Hernández, era una construcción de ladrillo con detalles ornamentales típicos de la arquitectura neo-mudéjar madrileña de finales del siglo XIX. En 2003, la fundación Obra Social la Caixa encargó el proyecto de remodelación y adaptación del antiguo edificio a los arquitectos Herzog & de Meuron, ganadores del Premio Pritzker, con el fin de abrir su sede cultural CaixaForum en el centro de la ciudad. La restauración consistió en la recuperación de la fachada original y su incorporación al nuevo edificio, que multiplicó por cinco su superficie. El zócalo de la construcción antigua fue eliminado y la entrada retranqueada, de manera que el conjunto parece levitar. La planta de acceso es una gran plaza urbana donde cobra protagonismo el gran jardín vertical diseñado por Patrick Blanc. El interior, al que se accede desde la plaza a través de una escalera en espiral de peldaños metálicos, alberga el espacio cultural. Las salas de exposiciones se organizan alrededor de otra escalera circular blanca, que termina en una cafetería en la planta superior con un mirador hacia el jardín botánico, situado frente al edificio.

**Ministerio de Sanidad, Servicios Sociales e Igualdad (Antigua Casa Sindical)** 006 A

Paseo del Prado, 18–20
*Francisco de Asís Cabrero, Rafael Aburto Renobales*
1949–1951

La antigua Casa Sindical, obra de transición entre el academicismo y la modernidad ortodoxa de los años cincuenta, parte del racionalismo de la arquitectura monumental italiana que Francisco de Asís Cabrero tanto admiraba. Ubicado frente al Museo del Prado, fue uno de los primeros edificios de planteamiento moderno en España, y hoy es sede del Ministerio de Sanidad, Servicios Sociales e Igualdad. La irregularidad del solar y la necesidad de adaptar el proyecto a la alineación urbana fueron dos de las dificultades iniciales con las que se encontraron los arquitectos al diseñar esta obra. El programa exigía un edificio de gran tamaño, debido a su condición institucional. Sin embargo, el contexto urbano marcaba la necesidad de diseñar a tres escalas diferentes: una escala paisajística —de silueta y perfil urbano—, una escala intermedia que dominara el frente, y una tercera escala doméstica que se adaptara a las calles laterales. En su construcción se adoptó una composición simétrica diseñada con materiales propios de la ciudad, como son el ladrillo, el granito y la piedra caliza.

### ≈ Reforma y ampliación del Museo Thyssen-Bornemisza

007 A

Paseo del Prado, 8
*Rafael Moneo Vallés*
1989–1992
*Manuel Baquero Briz, BOPBAA, Robert Brufau Niubó*
1999–2002

Situado muy cerca del Museo Nacional del Prado, el Museo Thyssen-Bornemisza se ubica en el antiguo Palacio de Villahermosa, de principios del siglo XIX. Rehabilitado como banco por el arquitecto Fernando Moreno Barberá en 1973, fue unos años más tarde Rafael Moneo quien llevó a cabo la reforma para adaptarlo a museo. El proyecto debía adecuar el antiguo palacio a las necesidades espaciales requeridas para albergar y exponer una colección artística de casi 800 cuadros. Para ello, el arquitecto reorganizó el espacio en torno al patio central, responsable de la iluminación natural interior —junto con los lucernarios de las salas. Reorientó el edificio recuperando la fachada norte y otorgando un nuevo uso al jardín, donde ahora está la entrada principal. Junto a ella se diseñó una nueva ampliación del museo, debido a la necesidad de aumentar el espacio expositivo para poder mostrar la Colección Carmen Thyssen-Bornemisza. El nuevo proyecto, finalizado en 2002, se realizó buscando la integración con el anterior, de forma que ambos edificios quedaran convertidos en un único conjunto.

### ≈» Círculo de Bellas Artes

008 A

Calle Alcalá, 42
*Antonio Palacios Ramilo*
1919–1926

Declarado Bien de Interés Cultural en 1981, este magnífico edificio se ubica en el primer ensanche del casco histórico de Madrid. Ya en los años veinte, en la confluencia de las calles Alcalá y Gran Vía, predominaban numerosos ejemplos de arquitectura corporativa que demostraban la importancia financiera y comercial de la capital. Este edificio debía albergar programas de necesidades muy distintas, tales como un gimnasio, salas de exposiciones, salones de fiestas, una biblioteca, una cocina y un comedor. Pese a este gran requerimiento de espacio, el edificio consiguió ajustarse al solar rectangular. El uso de una estructura mixta de hierro y hormigón permitió distribuir el espacio de un modo flexible, de forma que se produjo un perfecto acoplamiento de los diferentes usos. El proyecto, con una imagen urbana de gran expresividad artística, pone en valor la escala interior de los espacios. La fachada intenta reflejar de algún modo la disposición espacial interior, y superpone elementos de volúmenes diferentes con un lenguaje plástico clasicista. El arquitecto consiguió así acentuar las diferencias entre las distintas partes que conforman el edificio.

AVM, Archivo de Villa, Ayuntamiento de Madrid

**Sección longitudinal, 1920**

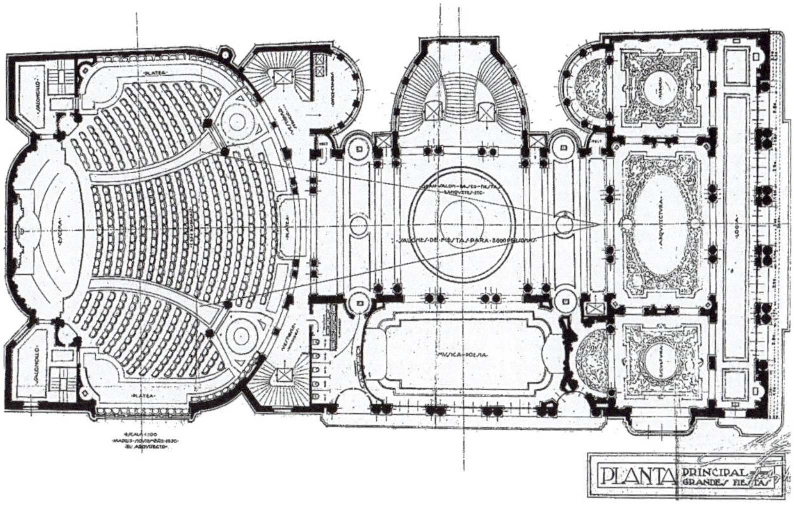


AVM, Archivo de Villa, Ayuntamiento de Madrid

**Planta principal, 1920**

## Consejería de Educación de la Comunidad de Madrid (Antiguo Banco Mercantil)

009 A

Calle Alcalá, 31

*Antonio Palacios Ramilo*

1933–1945

El antiguo Banco Mercantil es la última obra de Antonio Palacios en la ciudad de Madrid, y en ella se aprecia la evolución de su obra, ya liberada del lenguaje de orden clásico. En este edificio emplea materiales y técnicas nuevas propios del Movimiento Moderno, como la fachada de bloques de vidrio, el acero inoxidable utilizado en el volumen sobre la entrada y el acristalamiento de la bóveda de medio cañón de la sala de operaciones. El proyecto se desarrolla sobre un solar irregular, largo y estrecho, con una nave larga a modo de lonja que constituye el patio de operaciones. Este espacio, diseñado para albergar las funciones bancarias del edificio, se refleja en la fachada que da a la calle Alcalá con un arco de tamaño monumental. El alzado a la calle Caballero de Gracia recibe un tratamiento muy diferente: la planta se rompe y se organiza en torno a un patio exterior. El proyecto original ha sufrido varias reformas, en la última de las cuales se modificaron los núcleos de comunicación y se construyó una pasarela entre los dos cuerpos laterales de la calle Caballero de Gracia.

Boceto de la Sala de Operaciones, 1935

Revista Arquitectura, Órgano del COAM

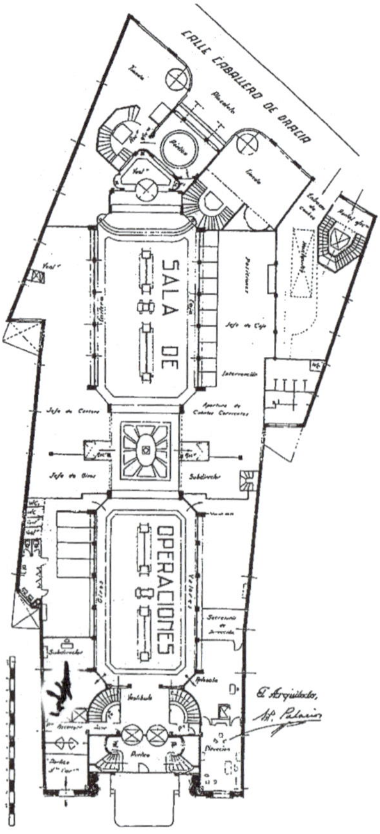


Planta de acceso, 1933

Revista Arquitectura, Órgano del COAM

**Edificio Banco Pastor** 010 A

Calle de Prim, 21

*José Antonio Corrales Gutiérrez,*
*Ramón Vázquez Molezún,*
*Rafael Olalquiaga Soriano,*
*Gerardo Salvador Molezún*

1975–1976

Ubicado en el céntrico barrio de Justicia, este edificio se encuentra muy cerca de la Biblioteca Nacional de España. Es uno de los mejores ejemplos de cómo puede coexistir una obra de arquitectura moderna en un entorno clásico. El solar contaba con un patio de manzana trasero, por lo que una de las decisiones iniciales de proyecto fue abrir el edificio hacia el Paseo de la Castellana y crear un patio interior cuyo lucernario inundara el espacio de luz natural. Los edificios colindantes, de fuerte lenguaje clásico, fueron un importante condicionante para el proyecto. Para los arquitectos, la forma de manifestar sus convicciones en el lenguaje moderno era una caja de cristal, en la que la fachada dejó de ser una envolvente convencional y pasó a convertirse en una piel continua, un muro cortina con perfiles de aluminio y cristalería tintada en rosa y gris plata, que sube por la fachada hasta la cubierta, envolviendo el edificio. No existen ventanas, sino huecos meramente funcionales para ventilar, iluminar, ver y ser vistos.

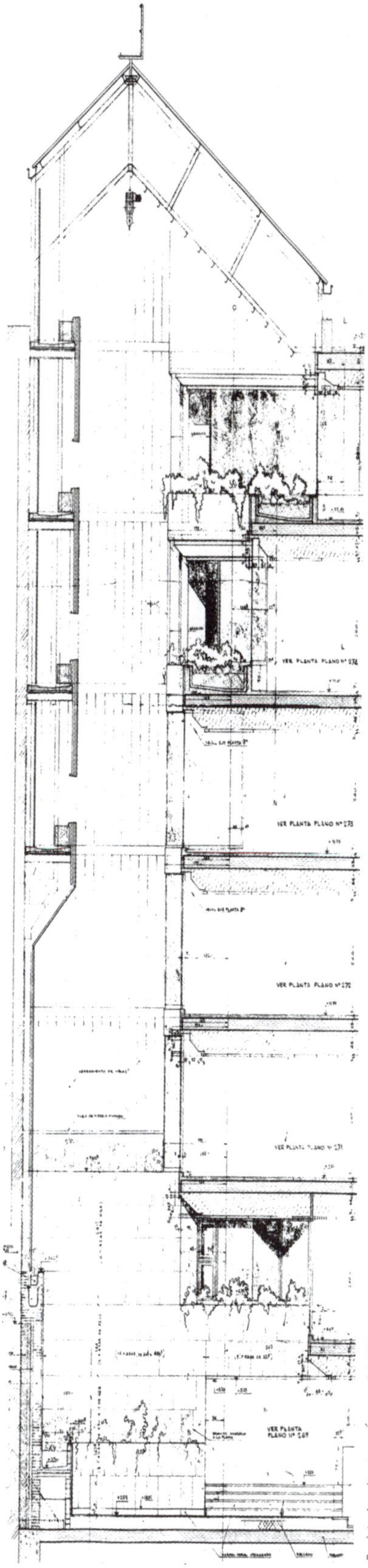

Revista Arquitectura. Órgano del COAM

**Sección longitudinal, 1975**

### ⌃ Sede del Colegio Oficial de Arquitectos de Madrid

011 A

Calle Hortaleza, 63
*Gonzalo Moure Lorenzo*
2005–2012

Ubicado en el barrio de Justicia, este edificio ocupa el solar donde años atrás estuvieron las Escuelas Pías de San Antón, construidas a principios del siglo XIX y derruidas hoy día casi en su totalidad. El nuevo edificio, que alberga el Colegio Oficial de Arquitectos de Madrid, forma parte de un complejo proyecto de reestructuración urbana. Con un programa de más de 20.000 m² repartido en varios edificios, el proyecto incluye —además de las oficinas— un centro de día, una escuela de música, un centro deportivo municipal, varias plantas de aparcamiento y un restaurante. Los edificios, que conservan parte de la fachada original, se organizan en torno a un patio interior con jardín arbolado, al que se accede desde las tres calles que rodean al solar, y donde vuelca todo el programa. Abierto todo al jardín, el diseño buscaba revitalizar el barrio y otorgar un nuevo espacio público de referencia para la ciudad. El edificio, que se visualiza como un espacio abierto y luminoso, combina una estructura de hormigón o de acero, según el espacio, y mezcla materiales como granito, vidrio y madera, dando lugar a una atmósfera interior cálida y confortable.

### » Mercado Barceló

012 A

Calle Barceló, 6
*Enrique Sobejano,*
*Fuensanta Nieto*
2007–2014

Este edificio está situado en el lugar que ocupaba el antiguo Mercado de Barceló, en una de las zonas más activas de la capital. El objetivo era crear un conjunto de gran escala que transformara notablemente la densidad de la zona. Esta nueva intervención urbana es la suma de tres programas distintos, que se articulan en tres volúmenes independientes conectados mediante una plaza. El mercado, núcleo y origen de toda la operación, se expresa como un volumen aislado, y contiene una galería interior que concentra las circulaciones de todo el conjunto. El pabellón polideportivo parece flotar encima del mercado, y su cubierta es en realidad una gran plaza desde la que se divisan los tejados de Madrid. La biblioteca pública está adosada a un colegio y se eleva por encima de su patio, cerrando la manzana y formando así parte del conjunto urbano. El cerramiento está realizado con piezas de vidrio blanco y translúcido, y unifica todo el proyecto, otorgando ligereza y unidad al conjunto. De esta misma forma, la transformación de las plazas de Alonso Martínez y Barceló, pone de manifiesto la homogeneidad de todo el proyecto.

## » Cine Barceló

013 A

Calle Barceló, 11
*Luis Gutiérrez Soto*
1930

Ubicado frente a los jardines del Museo de Historia de Madrid, fue proyectado como sala de cine, y constituyó uno de los mejores ejemplos de Europa. La buena utilización de su espacio interior figura como modelo en la obra de Ernst Neufert *El arte de proyectar en arquitectura*. Su fachada recuerda a los edificios del arquitecto Erich Mendelsohn, máximo representante internacional de la arquitectura expresionista. La esquina donde se encuentra situado el acceso principal asemeja la cubierta de un barco, debido a las líneas curvas y depuradas utilizadas.

### » Edificio para la Cooperativa de Viviendas Militares

014 A

Calle Alberto Aguilera, 1
*Fernando Higueras Díaz,*
*Antonio Miró Valverde,*
*Carlos García Rodríguez*
1967–1974

Situado en la Glorieta de Ruiz Giménez, es uno de los edificios de viviendas más representativos de la ciudad de Madrid. El proyecto se desarrolló sobre un enorme solar, y su intervención urbana incluyó la apertura de una nueva calle interior —Santa Cruz de Marcenado— ubicada entre los dos edificios de viviendas para militares, y el diseño de un nuevo espacio público entre ellos, abierto a la ciudad. Se quiso plantear un proyecto en el que la arquitectura y la ciudad formaran un conjunto. El programa es únicamente residencial, con excepción de la planta a nivel de calle donde se alternan comercios con pasajes hacia el patio interior, de uso común. El conjunto, formado por seis plantas de viviendas y dos áticos retranqueados del nivel de fachada, constituye un potente juego de volúmenes en su configuración urbana. La estructura, de hormigón armado, refuerza la imagen del proyecto en sus alzados, en los que predomina una marcada horizontalidad definida por varias líneas de terrazas corridas. De ellas surgen unas jardineras de carácter estructural de las que brota abundante vegetación, dando lugar a un llamativo contraste en fachada entre las masas verdes y la dureza del hormigón del resto de la edificación.

### » Rehabilitación del Centro Cultural Conde Duque

015 A

Calle Conde Duque, 11
*Julio Cano Lasso*
1981 (restauración)
*Justo Benito, Juan Echevarría,*
*Carmen Rojas, Carlos de Riaño Lozano,*
*Rebeca Hurtado, Almudena Peralta,*
*Juan Hevia, Nuria Ruiz, Jorge Ruiz Ampuero,*
*Estudio Cano Lasso Arquitectos*
2005–2011

El edificio original, proyectado por el arquitecto Pedro de Ribera a principios del siglo XVIII, se ideó bajo la racionalidad propia de una construcción militar, para albergar el Cuartel de la Guardia Real. La planta, compuesta por largas crujías de bóvedas de ladrillo que cierran tres patios rectangulares, sigue un esquema basado en la ingeniería militar francesa. Las fachadas de ladrillo están diseñadas con una marcada horizontalidad a través de una sucesión rítmica de vanos, sólo interrumpida en la planta baja de la fachada principal por pequeños huecos circulares en los espacios intermedios y una grandiosa portada de piedra. En 1981, este conjunto arquitectónico dio paso a su reconversión como centro cultural, y recientemente se sometió a una remodelación que permitió la apertura de un nuevo conjunto de equipamientos con más de 58.000 m² para uso público, entre los que se encuentran la Hemeroteca Municipal, el Archivo de Villa, la Biblioteca Histórica Municipal, una tienda, una cafetería, varias salas de exposiciones, un teatro, un auditorio y un salón de actos.

### ≚ Museo ABC (Antigua fábrica de Cervezas Mahou)

016 A

Calle Amaniel, 29

*María José Aranguren López, José González Gallegos*

2006–2010

El edificio del Museo ABC, situado al lado del Centro Cultural Conde Duque, es el resultado de la ampliación y reestructuración de la antigua fábrica de Cervezas Mahou, obre de José López Sallaberry. Este edificio industrial se reformó mediante un espacio central común, un patio interior que sirve de nexo entre el antiguo inmueble de la fábrica y la nueva intervención. El delicado trabajo de los arquitectos en el edificio histórico, que mantiene la fachada original de ladrillo, se combina con una actuación contemporánea efectuada mediante una pasarela de acero y vidrio que alberga la cafetería y da paso a la plaza interior, cuya inserción en la trama urbana se realiza de forma gradual. A esta plaza pública, abierta a la ciudad, se accede a través de la entrada principal del museo, bajo el atrio acristalado. Bajo este cuerpo longitudinal formado por una gran viga, se sitúa la planta sótano, cuyo espacio se ilumina a través de huecos triangulares perforados en el pavimento de la plaza. Frente al plano horizontal del suelo se levanta la fachada, con el mismo lenguaje formal, creando un espacio público de acogida como antesala del edificio.

### ≙ » Edificio España

017 A

Plaza de España

*Joaquín y Julián Otamendi Machimbarrena*

1947–1953

Este edificio, ubicado en la Gran Vía —en plena Plaza de España— es uno de los iconos de Madrid, y constituye, junto a los edificios vecinos de la zona, uno de los conjuntos arquitectónicos más importantes de la ciudad. Considerado en sus orígenes uno de los edificios más altos de Europa, llama la atención su monumentalidad, su apariencia lujosa y su portada neobarroca. Concebido como un rascacielos de 25 plantas, se diseñó al estilo americano para albergar distintos usos, entre los que se encontraban un hotel, un centro comercial, oficinas, y viviendas. En la planta de acceso, sus cinco entradas confluyen en un gran espacio central, configurando varios pasajes comerciales. En las plantas superiores, los arquitectos alternaron masa y hueco creando patios que facilitan la ventilación natural cruzada de los espacios interiores. La estructura está construida íntegramente en hormigón armado. Su fachada, que destaca por su rotunda simetría, presenta una silueta escalonada en cuatro alturas, y logra resolver el problema estético que supone una gran masa uniforme alternando el uso del ladrillo y piedra caliza.

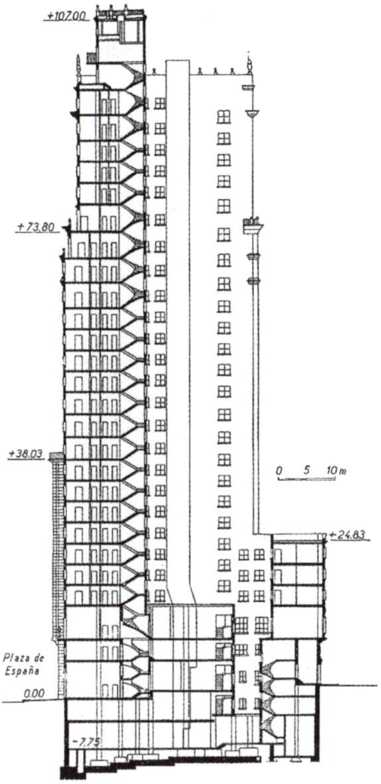


**Sección transversal, 1947**

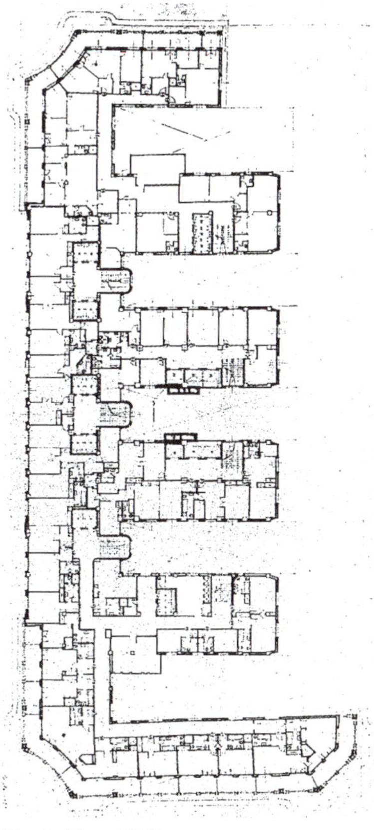

**Planta tipo, 1955**

## Edificio Coliseum

018 A

Calle Gran Vía, 78
*Casto Fernández-Shaw, Pedro Muguruza Otaño*
1931–1933

Este edificio, ubicado en el último tramo de la Gran Vía, fue pensado para albergar espectáculos musicales. El solar tiene forma irregular. En su parte delantera —más estrecha— se proyectó un edificio de viviendas, y en su parte trasera se aprovechó la mayor espaciosidad para situar la sala de espectáculos. Esta debía contar con los últimos avances de la época y las condiciones adecuadas de luz y sonido. De esta forma, este espacio tan influenciado por las grandes salas europeas se convirtió en la pieza fundamental del conjunto, gracias a su notable acústica, fruto de su forma abocinada. La bóveda se muestra sobria y sin apenas decoración, esta queda reservada al rosetón central. En la fachada se aprecia la influencia de la arquitectura icónica norteamericana del momento, como es el caso del Rockefeller Center de Nueva York. En 1940 empezó a funcionar como cine, pero ha sido remodelado para acoger de nuevo espectáculos musicales.

### ≈ Edificio Capitol (Antiguo Edificio Carrión)

019 A

Calle Gran Vía, 41
*Luis Martínez-Feduchi Ruiz, Vicente Eced y Eced*
1931–1933

Situado en la Plaza de Callao, este hito urbano constituye el símbolo de toda una época para la ciudad, y fue el principal testigo de la entrada de Madrid en la modernidad. Dos rasgos claros muestran este espíritu nuevo: por un lado, es quizás el edificio español que más claramente adoptó las enseñanzas del Movimiento Expresionista en Europa; y por otro, su propia tipología arquitectónica comercial demuestra interés por los nuevos hábitos de ocio y consumo de la sociedad madrileña. La primera dificultad para los arquitectos al diseñar el proyecto fue la forma del solar, del que se debía aprovechar la esquina, y en la que desarrollaron un potente chaflán en curva. Aspiraban a crear un edificio en cuyos espacios se llevaran a cabo diferentes programas —un cine, un hotel, un restaurante, varias oficinas y sala de espectáculos—, y que funcionara espacialmente como un todo. La estructura del edificio es mixta; metálica y de hormigón armado. Para la sala principal se utilizaron vigas Vierendeel, que con 3 m de canto cubrían un espacio de más de 30 m de longitud.

### ≈ Edificio Fnac (Antiguos Almacenes Galerías Preciados)

020 A

Calle de Preciados, 28
*Luis Gutiérrez Soto*
1940–1956

El Edificio Fnac se encuentra en una de las calles comerciales de Madrid, y es uno de los más emblemáticos de la ciudad. De estilo racionalista, se diseñó para albergar el primer almacén comercial de la ciudad. La planta ocupa una manzana completa, larga y estrecha, lo que permite acentuar la verticalidad del edificio. La estructura tiene una sola crujía, con los núcleos de comunicación situados en los extremos para obtener un espacio diáfano óptimo para su uso comercial. El espacio interior es el resultado de una completa remodelación llevada a cabo en los años noventa para adaptarlo a su uso actual —un centro comercial de la cadena francesa Fnac— en la que se han mantenido las características originales del edificio, y se han añadido elementos nuevos como el torreón de la fachada. Su gran altura, incluidos tres sótanos situados junto al túnel de metro y en una zona de intensa circulación peatonal, planteó problemas estructurales derivados de los cambios de uso, que se resolvieron mediante el refuerzo de vigas metálicas y de hormigón.

**Mercado de San Miguel**

021 A

Plaza de San Miguel
*Alfonso Dubé y Díez*
1912–1916
*Víctor Alarcón*
2009

Este precioso mercado, el único de su época que se conserva en la ciudad, está ubicado a un paso de la Plaza Mayor de Madrid. El proyecto de Alfonso Dubé sustituyó a un mercado al aire libre que tenía lugar en la misma plaza a finales del siglo XIX. El edificio que vemos hoy es una rehabilitación del mismo. La organización espacial, con planta baja y sótano, evidencia la disposición de unos ejes ortogonales bien definidos, contenidos en un cerramiento perimetral de vidrio que proporciona al edificio un aspecto ligero. La estructura, formada por pilares esbeltos de hierro, sostiene una interesante cubierta construida con armaduras ligeras que permiten la entrada de luz natural.

© MM. Mercado de San Miguel, Luis Hevia

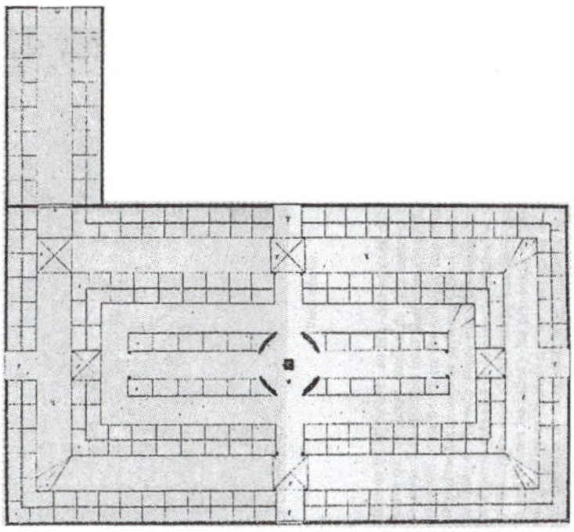

**Planta del proyecto original, 1912**

© MM. Mercado de San Miguel, Luis Hevia

© MM. Mercado de San Miguel, Luis Hevia

### « Museo de las Colecciones Reales

022 A

Cuesta de la Vega, s/n
*Emilio Tuñón Álvarez, Luis Moreno Mansilla*
2002–2015

El edificio, ubicado en la cornisa este de la Catedral de la Almudena, se ha proyectado dentro del paisaje arquitectónico que forma el conjunto del Palacio Real. Para poder intervenir en la zona histórica se tuvo que modificar el Plan General de Ordenación Urbana de Madrid. El edificio forma espacios de estructura lineal, con una composición sencilla y compacta, que busca reflejar el contraste entre lo ligero y lo pesado a través de un ritmo continuo de huecos y macizos en la fachada. El museo mantiene la continuidad con la plaza de la catedral y mira hacia el río y los jardines del palacio, soterrando el espacio y organizándose en seis plantas que se comunican entre sí a través de rampas de circulación. La mayor dificultad estructural del edificio reside en el muro de contención de 35 m de altura, realizado con pilotes de hormigón armado que solucionan el desnivel entre la plaza y los jardines. Al igual que la cimentación, la estructura se construye en hormigón armado. Las fachadas, revestidas con granito gris similar a la piedra del Palacio Real, mimetizan el nuevo proyecto con los edificios colindantes. El museo no ha abierto todavía sus puertas.

### ˅ Edificio de viviendas

023 A

Gran Vía de San Francisco, 17
*Mariano Bayón Álvarez*
1986–1990

Este edificio de viviendas está situado en el cruce de la calle San Bernabé y la Gran Vía de San Francisco, en una zona tranquila pero céntrica de la ciudad. Su arquitecto, que fue Premio Nacional de Arquitectura en 1996, diseñó una planta en forma de «L» que completa la manzana y deja espacio para crear un patio interior hacia el que vuelcan todas las viviendas. La distribución espacial de las mismas se realiza en torno a este patio, a través de unas galerías cubiertas con estructura metálica que organizan la circulación. El edificio está compuesto por más de cuarenta viviendas de protección oficial distribuidas en cinco plantas sobre rasante, este conjunto apoyado sobre un zócalo porticado de gran altura que alberga locales comerciales. De líneas sencillas, y con un claro ritmo de huecos y macizos, las fachadas se han hecho con piedra caliza de color amarillento. En las ventanas se han empleado carpinterías metálicas, creando una superficie muy plana donde la gran verticalidad de los huecos crea a su vez pronunciadas franjas horizontales. La parte superior rompe este esquema con huecos de mayores dimensiones, y destaca por la terminación de esquina en chaflán, con una forma acristalada a modo de torreón.

**Centro Cultural Puerta de Toledo**

024 A

Gran Vía de San Francisco, 2
*Juan Navarro Baldeweg*
1985–1989

Junto con el Centro de Servicios Sociales y la Biblioteca Pública Pedro Salinas (a continuación), este edificio formó parte de una actuación urbanística de gran alcance en los años ochenta. Con este proyecto, Juan Navarro Baldeweg ganó el concurso para la reordenación urbana de los alrededores de la Puerta de Toledo, en el céntrico barrio Imperial. La zona, con una compleja topografía, obligó al arquitecto a realizar un delicado diseño acorde con el entorno existente. El objetivo del proyecto fue establecer un diálogo con los alrededores, formando un anillo que ordenara todo el conjunto urbano. De planta irregular, este espacio está compuesto por dos volúmenes que cierran la manzana. Marca la separación entre ellos la calle de la Paloma, donde el arquitecto diseñó un nuevo espacio público para la ciudad, y cuya terminación en una escalinata salva el gran desnivel entre ambas calles. A uno de los lados se encuentra el centro cultural, diseñado como centro de día. Este destaca por el volumen que forma la cubierta inclinada, dando lugar a una geometría irregular muy reconocible en el alzado. Tanto la fachada de este como la de la colindante biblioteca, ambas de líneas muy sencillas, están revestidas por una austera piedra caliza similar a la de la propia Puerta de Toledo.

**Biblioteca Pública Centro Pedro Salinas**

025 A

Glorieta Puerta de Toledo, 1
*Juan Navarro Baldeweg*
1987–1992

Esta famosa biblioteca constituye otro de los edificios diseñados por Juan Navarro Baldeweg para la reordenación urbana de los alrededores de la Puerta de Toledo. Situada en una de las manzanas que cierran la glorieta, este peculiar edificio, que resuelve el gran desnivel de las calles traseras mediante un basamento de piedra común al resto de edificios, es el más potente del conjunto. En este caso, el arquitecto recurrió a la pureza de volúmenes simples, diseñando el edificio con una clásica planta circular, solución histórica recurrente para este tipo de instituciones. En el interior destaca la planta superior donde se encuentra la sala de lectura, con dos niveles, y sobre la que vuelca una innovadora cubierta circular. Esta tiene una forma similar a un embudo invertido, y utiliza una serie de nervios metálicos que sustentan una superficie cónica de acero, apoyados sobre unos cilindros de hormigón de 1 m de canto. Este ingenioso sistema, con un gran hueco circular en el centro, permite que el espacio interior se inunde de una blanca luz cenital, muy propicia para la lectura.

0
500 m
UNIVERSIDAD
Calle Gran Vía
PALACIO
SOL
CORTES
Parque de Atenas
Parroquia de San Hermenegildo
026
EMBAJADORES
Teatro Valle Inclán
Ronda de Segovia
La Casa Encendida
IMPERIAL
036
Calle de Toledo
Paseo Imperial
Estadio Vicente Calderón
ACACIAS
Río Manzanares
027
028
Parque de Arganzuela
En detalle: Matadero Madrid
031
030
033
032
035
034
Iglesia San Basilio el Grande
029
Río Manzanares

Tribunal Supremo
RECOLETOS
Biblioteca Nacional
Paseo de Recoletos
Calle de Alcalá
044
Real Casa de la Moneda
Parroquia San Manuel y San Benito
Calle de O´Donnell
045
Casa de América
048
Hospital Gregorio Marañón
Parque de El Retiro
Calle del Doce de Octubre
Palacio de Velázquez
Hospital Niño Jesús
043
Palacio de Cristal
042
047
046
CaixaForum
Medialab Prado
JERÓNIMOS
NIÑO JESÚS
Ministerio de Agricultura
Avenida del Mediterráneo
PACÍFICO
037
Iglesia Nuestra Señora de la Paz
Calle de Méndez Álvaro
Calle de Téllez
038
041
040
Museo del Ferrocarril
039
DELICIAS
Planetario de Madrid

PRESA DE
Mª CRISTINA

## Centro de Estudios Hidrográficos del CEDEX

026 B

Paseo Bajo de la Virgen del Puerto, 3
*Miguel Fisac Serna*
1959–1961

Este conocido referente arquitectónico de los años sesenta, situado muy cerca del Puente de Segovia, constituye una de las obras más singulares del arquitecto Miguel Fisac. El proyecto, que se sitúa en un solar alargado de forma irregular, tenía como objeto albergar el Centro de Estudios Hidrográficos y el Laboratorio de Hidráulica, dos instituciones independientes en aquel momento pero que compartían tareas y objetivos comunes. La concepción arquitectónica del conjunto es de gran sencillez formal. El arquitecto ideó dos edificios independientes respondiendo a diferentes programas. Comunicados sólo por un pasillo en primera planta, diseñó una torre de oficinas y una nave de extensión horizontal para realizar modelos y ensayos del laboratorio de hidráulica. Como contrapunto, su construcción en hormigón visto manifiesta una absoluta expresividad estructural. Merece especial atención la estructura que cubre la nave de ensayos, que en palabras del propio arquitecto: «... fue el mayor desafío estructural que había tenido, se trataba de crear un espacio diáfano de 80 × 22 m con una iluminación cenital totalmente uniforme, que me obligó a inventar una solución completamente nueva». Para ello inventó las vigas «hueso», unas piezas de hormigón pretensado de un 1 m de canto que, unidas mediante junta elástica, cubren los 22 m de longitud y permiten la entrada continua de luz natural. Buscando aligerar cargas y albergar instalaciones, estas piezas son huecas y responden a todas las exigencias técnicas y voluntades plásticas requeridas en el proyecto.

**Puente de la Arganzuela**

027 B

Parque de la Arganzuela
*Dominique Perrault Architecture*
2005–2011

Dominique Perrault, figura internacional de la arquitectura francesa contemporánea, es el autor de este interesante proyecto situado a orillas del río Manzanares, en el suroeste de la ciudad. El célebre urbanista, que también diseñó el Centro Olímpico de Tenis de Madrid, proyectó esta llamativa pasarela como parte de la compleja remodelación urbana llevada a cabo en el proyecto Madrid Río (a continuación). El puente, que está formado por dos grandes pasarelas coniformes desplazadas entre sí, no solo permite crear un nuevo punto de acceso al Parque de la Arganzuela, sino también conectar las dos orillas del río, antes separadas por la carretera de circunvalación M-30. Con una longitud total de 278 m y una anchura que va desde los 5 a los 12 m, ambas plataformas proporcionan más de 1.600 m² de nuevo recorrido peatonal a la ciudad. La estructura helicoidal de ambos conos está constituida por dos espirales de acero que se cruzan diagonalmente, dando lugar a un armazón sobre el que se enrolla una envolvente de malla metálica. Esta piel porosa transforma el espacio interior, convirtiéndolo en un paseo sombreado de día y un túnel luminoso de noche, casi como una gigantesca linterna sobre el río Manzanares.

## Madrid Río

028 B

Parque de la Arganzuela
*Arquitectura: Francisco Burgos, Ginés Garrido, Arantxa La Casta, Carlos Rubio Carvajal, Enrique Álvarez-Sala Walther, Fernando de Porras-Isla*
*Urbanismo y paisajismo: West 8*
2005–2011

Este proyecto, galardonado con varios premios internacionales de planificación urbana, es una remodelación a orillas del río Manzanares, en el suroeste de Madrid. El proyecto surgió por la necesidad de soterrar un tramo de la M-30, principal vía de circunvalación de la ciudad. Este ambicioso proyecto de regeneración urbana, que plantea un nuevo parque en la orilla norte del río, se extiende desde el Puente de los Franceses hasta el Nudo Sur de la M-30 y conecta ambos lados de la ciudad, antes separados por la carretera. A lo largo de sus 9 km, encontramos zonas arboladas, carriles para bicicletas, áreas deportivas, espacios culturales y cafeterías. El parque recorre la senda natural del río y cuenta con varias intervenciones y puentes destacables, como el Puente de la Arganzuela, diseñado por Dominique Perrault. Pese a que se han cuidado mucho los materiales y se han alternado diferentes texturas, el granito gris domina prácticamente todo el proyecto, unificando su imagen con la del resto de la ciudad.

## Matadero Madrid

029 B

Paseo de la Chopera, 14
*Luis Bellido y González,*
*Francisco Javier Ferrero Llusiá*
1907–1933
*Varios arquitectos*
2006–2012

La rehabilitación de este conjunto arquitectónico industrial, Premio FAD en 2012, ha formado parte junto con el proyecto Madrid Río de una importante regeneración urbana en el entorno del Parque de la Arganzuela. Construido al suroeste de la ciudad, se asienta sobre una parcela de doce hectáreas que limita con el río Manzanares. Este proyecto estuvo compuesto en sus inicios por un grupo de pabellones independientes. Cuando en 1970 las instalaciones quedaron obsoletas, se iniciaron las primeras intervenciones. El Ayuntamiento rehabilitó entonces algunos edificios para uso cultural y administrativo, como la Casa del Reloj, transformada en Junta Municipal de Distrito, o el antiguo establo, actual Sede del Ballet Nacional. Sin embargo, no fue hasta 2005 cuando se aprobó para el recinto un Plan Especial de Intervención Urbana, lo que permitió llevar a cabo su completa y actual trasformación.

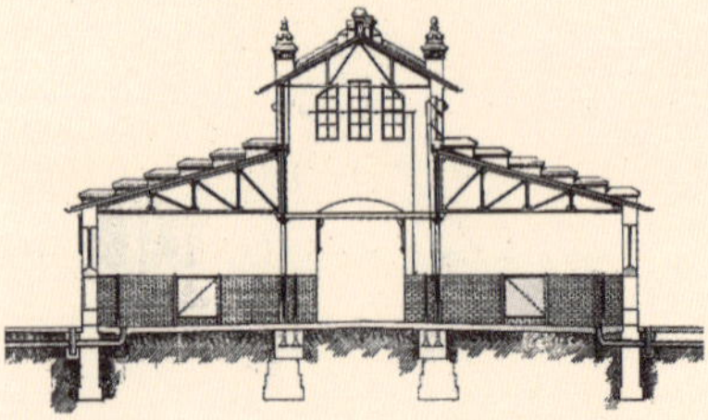

**Sección transversal de una nave, 1907**

*AVM, Archivo de Villa, Ayto. de Madrid*

**Planta general, 1910**

© Matadero Madrid

**Casa del Lector** 030 B

Matadero Madrid
*Antón García-Abril Ruiz,*
*Débora Mesa Molina*
2012

Este proyecto es el resultado de la transformación de tres de las naves del antiguo matadero de Madrid en un gran espacio cultural para la promoción y difusión de la lectura. Los arquitectos buscaron continuidad en el espacio mediante la unión de dos naves contiguas y la creación de un único gran espacio de doble altura. Establecieron un nuevo orden estructural horizontal mediante la construcción de vigas-puente prefabricadas de hormigón armado, que conviven con la estructura preexistente de acero, de una naturaleza mucho más ligera. El nivel superior, destinado a investigación y formación, consta de varias aulas, una biblioteca y un espacio expositivo. La planta baja se transforma en un espacio abierto dedicado a actividades de difusión cultural, y conectado visualmente en todo momento con el nivel superior. La tercera nave, que acoge las oficinas y el auditorio, se ha reconstruido según la forma original, pero se ha instalado una envolvente interior curvada de lamas de aluminio que envuelve el espacio de una luz difusa y continua.

## Indermediæ y Central de Diseño

031 B

Matadero Madrid
*Arturo Franco Díaz,*
*Fabrice van Teslaar,*
*José Antonio García Roldán*
2006–2007

La nave principal de Matadero Madrid se ubica en la parte este de la parcela, con entrada por el Paseo de la Chopera. Aparte del vestíbulo y la zona de información, alberga los espacios tanto de Intermediæ como de la Central de Diseño, ambas instituciones culturales dedicadas a la formación y producción creativa. El espacio de Intermediæ, con casi 2.000 m², fue recuperado por Arturo Franco, y ganó el Premio de Urbanismo, Arquitectura y Obra Pública del Ayuntamiento de Madrid a la mejor obra de rehabilitación de 2007. En este espacio se ha procurado respetar la estructura original, el hierro y el vidrio son los materiales protagonistas de la nueva intervención. El espacio de 1.600 m² de la Central de Diseño, que abrió sus puertas el mismo año, es obra de José García Roldán. La idea del proyecto fue intervenir de la forma menos agresiva posible en la construcción original. Se busca evidenciar el estado actual de los elementos constructivos originales mediante el uso de materiales completamente ajenos, como policarbonato, hierro galvanizado y vidrio.

© Matadero Madrid

## Naves del Español

032 B

Matadero Madrid
*Emilio Esteras Martín,*
*Justo Benito Batanero*
2007–2010

Este complejo escénico de casi 6.000 m² dedicado al teatro contemporáneo es fruto del trabajo de colaboración entre los arquitectos, los escenógrafos Jean Guy Lecat y Francisco Fontanals y el director de teatro Mario Gas. En la construcción original de las naves se emplearon materiales como el ladrillo, la cerámica y elementos metálicos en la estructura, lo que contrasta con los materiales del nuevo proyecto, como policarbonato y estructuras de andamio. Sin embargo, en el proceso de rehabilitación, siempre primó la idea de intervención no invasiva, en la que se permitiera una clara lectura de la actuación arquitectónica sin restar protagonismo a los materiales preexistentes, pero siempre con la intención de dotar al nuevo espacio de una flexibilidad que permitiera múltiples configuraciones escénicas. El proyecto está dividido en tres naves de planta rectangular interconectadas entre sí. La nave principal acoge el vestíbulo, un espacio para espectáculos de pequeño formato y una cafetería, mientras que en las naves contiguas se sitúan los espacios escénicos principales, con una disposición espacial más abierta al cambio.

© Matadero Madrid

## Cineteca Matadero Madrid

033 B

Matadero Madrid
*José María de Churtichaga, Cayetana de la Quadra-Salcedo*
2007–2011

La Cineteca, galardonada con el primer premio del Colegio Oficial de Arquitectos de Madrid en 2012, es un espectacular espacio dedicado al cine, ubicado en uno de los extremos de la nave principal del recinto de Matadero Madrid. En torno a la Sala Azcona, la principal, se articula una sala polivalente, un plató de rodaje, el Archivo Documenta y una cantina con terraza. El proyecto intenta poner en valor la concepción del espacio original a través de la nueva intervención. Lo antiguo y lo nuevo conviven en un ambiente en el que la luz artificial se convierte en protagonista del proyecto. Destacan los revestimientos tejidos con mangueras de color naranja, imitando la textura de una cesta. Estos espacios, que parecen ingrávidos, se iluminan a través de luces LED entretejidas en las mangueras, aportando una atmósfera sacra al conjunto. Las cestas envuelven el espacio y filtran la luz, canalizándola y actuando como lámparas. Para cubrir la longitud requerida, los muros existentes fueron reforzados y la estructura horizontal se resolvió con losas de hormigón armado.

## Nave de Música

034 B

Matadero Madrid
*María Langarita Sánchez, Víctor Navarro Ríos*
2011

Este edificio industrial de principios del siglo XX, cuyo proyecto de intervención fue galardonado, entre otros, con el primer premio de arquitectura emergente ar+d en 2012, cuenta con una superficie de más de 4.000 m². El proyecto de rehabilitación ha sido realizado por los arquitectos María Langarita y Víctor Navarro junto al diseñador Jerónimo Hagerman, y es probablemente uno de los mejores ejemplos de la nueva arquitectura en Madrid. El uso de esta nave está dedicado específicamente a la creación e investigación musical. Al ser un espacio de carácter experimental, el proyecto requería de una arquitectura temporal, a favor de la flexibilidad y adaptabilidad de usos en el tiempo. Bajo estas premisas, la tónica general del proyecto se basó en recuperar la nave industrial, de estructura metálica y fachada de ladrillo, e instalar una infraestructura mínima que respondiera a las necesidades técnicas y acústicas precisas para crear una atmósfera adecuada de intercambio. La organización del espacio se divide en oficinas, estudios para músicos, estudios de grabación y radio, espacio para conferencias y cafetería. Construido en menos de dos meses con materiales fácilmente reciclables, se buscaron en su construcción soluciones estructurales ligeras que permitieran una posible futura reconfiguración del espacio.

**Nave 16**

035 B

Matadero Madrid
*Alejandro Vírseda Aizpún,*
*Ignacio Vila Almazán,*
*Iñaqui Carnicero*
2010–2012

Este gran espacio, que obtuvo el premio del Colegio Oficial de Arquitectos de Madrid en el año 2012, es el resultado del proyecto de recuperación de una de las antiguas naves industriales de Matadero Madrid para su uso como área expositiva. Esta obra, con una superficie superior a 4.000 m², transforma el antiguo edificio en un espacio versátil y polivalente que permite realizar grandes exposiciones o eventos, y a la vez puede ser dividido en pequeñas zonas independientes donde se pueden desarrollar usos simultáneos, como proyecciones, conciertos, talleres o charlas. La pequeña nave adosada a su fachada posterior alberga las instalaciones y dotaciones necesarias para los usos de este espacio expositivo. La actuación arquitectónica se reduce a la utilización de puertas metálicas pintadas de color negro como elemento delimitador del espacio. Concebidas como una instalación efímera, estas puertas de acero se extienden desde el suelo al techo en el único espacio de doble altura de la nave, garantizando mediante sencillos giros una configuración adecuada del espacio acorde a las necesidades de cada momento. La oscuridad de las puertas contrasta con la envolvente del edificio, construida de ladrillo y restaurada para recuperar su tono rojizo original.

**Teatro Circo Price**
Ronda de Atocha, 35
*Mariano Bayón Álvarez*
2000–2006

036 B

Este teatro toma su nombre del Circo Price original, edificio que existió desde finales del siglo XIX y durante casi un siglo. Emplazado cerca de la Estación de Atocha, este proyecto de obra nueva ocupa parte de una antigua fábrica industrial de estilo neo-mudéjar, de la que se ha recuperado la fachada original. Con el objetivo de construir un edificio dedicado al mundo del espectáculo —donde los artistas, además de actuar, convivan, ensayen e intercambien conocimiento y aprendizaje— el arquitecto enfocó el proyecto con la idea de crear una aldea circense en un pequeño espacio de la ciudad, sobre un patio interior de una manzana residencial. Con más de 17.000 m², el proyecto se divide en dos edificios independientes: uno que contiene las oficinas y un futuro museo dedicado al circo, y otro que alberga las salas de ensayo y el gran espacio escénico, donde predomina un intenso color rojo. Este último se conecta mediante puentes con el antiguo edificio de la fábrica, cuya fachada da a la Ronda de Atocha y donde se ha llevado a cabo una rehabilitación destinada a crear el espacio de entrada principal, con taquillas, tienda y cafetería.

## Ampliación de la Estación de Atocha

037 B

Plaza Emperador Carlos V
*Rafael Moneo Vallés*
1984–1992, 2001–2010 (ampliación)

Rafael Moneo, conocido arquitecto ganador del Premio Pritzker en 1996, es el autor de los dos proyectos de ampliación de la Estación de Atocha. Situado en el centro de la ciudad, el antiguo edificio del siglo XIX —de estructura metálica y fachada de ladrillo— fue sometido entre 1984 y 1992 a un arduo proyecto de rehabilitación, extensión y regeneración urbana, y completado con una nueva ampliación en 2010. Este proyecto de transformación buscaba cuadruplicar la capacidad de viajeros de la estación, creando un gran intercambiador para trenes de cercanías, de largo recorrido, metro, y con un centro comercial y un aparcamiento. Para incorporar el edificio original al nuevo complejo, el arquitecto decidió mantener la envolvente y estructura original dándole protagonismo y convirtiéndolo en un nuevo espacio de acceso, con un jardín tropical en el interior. La cota de este acceso quedó, después de la obra, desvinculada de las vías superiores de tráfico rodado, dando lugar a un nuevo espacio urbano peatonal. En cuanto a las dificultades de la primera ampliación —que incluyó la construcción de la estación de cercanías y la de trenes de largo recorrido— el proyecto tuvo que ajustarse a un trazado ferroviario definido previamente por las vías, con un ancho fijo de los andenes y en una cota determinada. Basándose en estas directrices, se construyó una malla ortogonal que conecta ambos espacios mediante una cubierta ligera de acero, sostenida por unas esbeltas columnas de hormigón que dejan pasar la luz natural. La segunda ampliación de la estación, comenzada en 2001, tuvo como objetivo una vez más aumentar la capacidad de pasajeros. El espacio de esta nueva ampliación ocupa un área definida por un nuevo trazado ferroviario de quince vías repartidas en ocho andenes de 10 m de ancho. Su estructura, de acero pintado en blanco para diferenciarse claramente de la primera ampliación, soporta una compleja cubierta con grandes ventanales de vidrio orientados al norte.

037 B

© Alfonso Quiroga

**Archivo Regional de Madrid y Biblioteca Joaquín Leguina**

038 B

Calle de Ramírez de Prado, 3

*Luis Moreno Mansilla, Emilio Tuñón Álvarez*

1997–2002

El Archivo Regional y la Biblioteca Pública de la Comunidad de Madrid son el resultado del concurso convocado en 1994 para la rehabilitación y adaptación de la antigua Fábrica de Cervezas El Águila, de principios del siglo XX, en un centro documental dedicado a la conservación y difusión del conocimiento. El proyecto, situado en una manzana exenta junto a la Estación Ferroviaria de Delicias, en el sureste de la ciudad, buscaba llenar el vacío que existía entre las edificaciones aisladas del antiguo complejo fabril, del arquitecto Eugenio Jiménez Corera, para establecer un vínculo de unión entre lo rehabilitado y lo nuevo, reactivando así el contexto urbano inmediato. Con una superficie total de 40.000 m$^2$, el espacio se organiza en diferentes módulos. La biblioteca, situada en el lado oeste de la parcela, ocupa los antiguos edificios industriales de los silos, la heladora y los depósitos de malta y cebada. La Oficina de Depósito Legal ocupa el antiguo edificio de administración de la fábrica. Parte del programa dedicado al Archivo Regional es de nueva construcción y se estructura en varias plantas que albergan los depósitos de libros y las oficinas administrativas. Los edificios nuevos, construidos con hormigón blanco, poseen como fachada una doble piel de lamas de aluminio o vidrios translúcidos que contrastan con la materialidad y el color del ladrillo en las edificaciones de la antigua fábrica.

**Campus Repsol** 039 B
Calle de Méndez Álvaro, 44
*Rafael de La-Hoz Castanys*
2007–2013

La nueva sede de la compañía energética Repsol, que ostenta la máxima Certificación LEED para edificios de nueva construcción en la Categoría Platino, surgió de la necesidad de reunir a los casi 4.000 trabajadores que hasta ese momento estaban dispersos en varios edificios, en un único campus empresarial que facilitara la comunicación interna. Este moderno conjunto arquitectónico, ubicado al sur de la ciudad, tuvo como objetivo de proyecto crear un espacio común que propiciara la colaboración y el intercambio de ideas entre los trabajadores. El edificio, de más de 120.000 m², forma una manzana cerrada y se organiza en cuatro volúmenes agrupados alrededor de un gran jardín central, creando una atmósfera similar a los claustros deambulatorios de los monasterios. Conectados entre sí mediante pasarelas de vidrio, los edificios tienen acceso desde el patio central, que sirve de distribuidor. A pesar de integrarse en su entorno gracias a su modesta altura y horizontalidad, destaca su estructura, de grandes costillas de acero, que protege la fachada acristalada de un exceso de soleamiento. Un centenar de grandes marcos de casi 24 m de alto definen su imagen. Este sistema constructivo que abraza el edificio permite crear en el interior espacios diáfanos, flexibles y suficientemente iluminados. Desde estos espacios de oficinas, que tienen una escala más humana y doméstica, se ha propiciado en todo momento crear continuidad con el exterior, mediante la entrada de luz natural y las constantes visuales a la plaza central.

## » Sede social de la Empresa Municipal de Transportes de Madrid

040 B

Calle Cerro de la Plata, 4
*Estudio Cano Lasso Arquitectos*
2001–2008

Este proyecto, premiado en 2004 con el Premio de Arquitectura, Urbanismo y Obra Pública del Ayuntamiento de Madrid, es el resultado del concurso convocado en 2001 con el objetivo de reemplazar las antiguas oficinas por una sede central. Situado junto a un viaducto elevado sobre la cota del suelo, y en un contexto urbano influido por la presencia de las vías ferroviarias de la cercana Estación de Atocha, el edificio se eleva para permitir continuidad espacial con la ciudad. Con más de 13.000 m², su potente volumen rectangular se descompone en dos núcleos de hormigón, separados 53 m y conectados estructuralmente mediante una viga puente que soporta voladizos de 11 y 28 m a cada lado. Esta estructura sostiene los forjados de los distintos niveles del edificio, que cuelgan de la gran viga mediante cables de acero, soportando esfuerzos a tracción. De esta manera, la planta de acceso al edificio queda libre, fomentándose así la permeabilidad con el entorno. El proceso constructivo vino condicionado por un estricto método de modulación y prefabricación de los elementos estructurales y de fachada, en la que la combinación de vidrios translúcidos y transparentes permite una constante iluminación natural del edificio.

## » Centro Cultural Daoíz y Velarde

041 B

Avenida de la Ciudad de Barcelona, 162
*Rafael de La-Hoz Castanys*
2007–2013

Ubicado junto a las vías de tren que llegan a la Estación de Atocha, este proyecto recupera para la ciudad el conjunto de edificios abandonados de los antiguos cuarteles Daoíz y Velarde, de la segunda mitad del siglo XIX. Esta no es la primera intervención que realizó el arquitecto en este antiguo complejo, puesto que también construyó la Junta Municipal del Distrito del Retiro en 2003. Partiendo de la idea de respetar la geometría de esta construcción militar, así como su envolvente de ladrillo y estructura original de perfiles metálicos, la rehabilitación de las naves libera el interior para configurar el nuevo espacio en dos áreas diferenciadas, los accesos y las circulaciones. Se crea un área de separación intersticial entre la envolvente original y la nueva construcción, de manera que el edificio actúa como un contenedor de programa cultural rodeado por un espacio de conexión continuo. El contraste entre la nueva estructura de hormigón y la construcción metálica original potencia el carácter del edificio existente, diferenciándolo en todo momento de la nueva intervención. Se generan espacios diáfanos y flexibles, donde la continuidad visual, y la entrada de luz y ventilación natural están presentes en todo el proyecto.

### » Iglesia Parroquial de Santa María del Pilar

042 B

Calle de los Reyes Magos, 3
*Luis Moya Blanco,*
*José Antonio Domínguez Salazar*
1960–1965

Situado dentro del recinto ajardinado del Colegio Santa María del Pilar, en el barrio del Niño Jesús, forma parte del conjunto de pabellones de esta institución docente. Precedido por una gran plaza, el templo se levanta como una edificación aislada, situada en la parte trasera de la parcela, al final de la calle interior que separa la zona de enseñanza del resto de equipamientos. Luis Moya Blanco, fiel defensor en su época del lenguaje clásico y la construcción tradicional, aplica en esta obra con maestría su amplia experiencia como arquitecto en la construcción de bóvedas tabicadas. Sobre una planta octogonal irregular y simétrica, levantada con muros de ladrillo visto a dos caras, construye una atrevida cubierta con forma de paraboloide hiperbólico, convirtiendo la capilla en el elemento singular del conjunto. La destacada estructura porticada de la entrada, da paso en el interior a un gran espacio diáfano, en el que la combinación de la luz de las vidrieras, y el color del ladrillo de la envolvente, consiguen una atmósfera cálida y agradable para la oración.

### » Edificio Citroën

043 B

Calle del Doctor Esquerdo, 62
*Manuel Barbero Rebolledo,*
*Rafael de la Joya Castro*
1963–1973

Situado en la franja este del Parque del Retiro, el edificio ocupa una manzana irregular en esquina de grandes dimensiones. El proyecto, que se llevó a cabo para albergar las oficinas y talleres automovilísticos de la casa francesa Citroën, guarda similitudes con los ya desaparecidos talleres SEAT en la Castellana, y el edificio para comedores de la misma fábrica en Barcelona, todos proyectados por los mismos arquitectos. Este edificio industrial, que obedece a una retícula ortogonal de 8 × 9 m, se organiza en cuatro volúmenes rectangulares acoplados entre sí que estructuran el interior. La nave de mayores dimensiones, al tratarse de un gran espacio diáfano, se reserva para los talleres generales, mientras que las otras tres, de menor superficie, albergan la zona representativa de oficinas, con la exposición y venta de vehículos, y las áreas de los trabajadores, con el comedor y vestuarios. En el tratamiento de la envolvente destaca la composición de huecos y macizos, con unas pronunciadas franjas horizontales de ladrillo separando los grandes ventanales que permiten la continua entrada de luz en el interior.

**» Edificio de viviendas** 044 B

Calle de O'Donnell, 33
*Antonio Lamela Martínez*
1956–1958

Con una excelente ubicación cercana al Parque del Retiro, este edificio de viviendas es uno de los proyectos más interesantes de la arquitectura madrileña de los años cincuenta. Se sitúa en un complejo solar de forma trapezoidal, cuyo segmento más corto corresponde al alzado de la calle O'Donnell, de apenas 11 m de anchura, dificultad que el arquitecto resolvió retranqueando el muro en forma de «Z» y aumentando así la línea exterior de fachada a 24 m. El proyecto, que organiza las estancias alrededor de un patio interior que permite la entrada de luz natural, sitúa en cada planta una vivienda de 370 m² con dos grandes terrazas y una oficina complementaria de 115 m², conectada a la anterior pero con un acceso independiente. En el momento de su construcción, el edificio destacó por incorporar novedosos conceptos arquitectónicos y tecnológicos, como el aire acondicionado central, la tabiquería móvil y un aparcamiento subterráneo. La entrada ajardinada destaca por la potente presencia de los pilares en forma de «V» y la fachada suspendida de gresite.

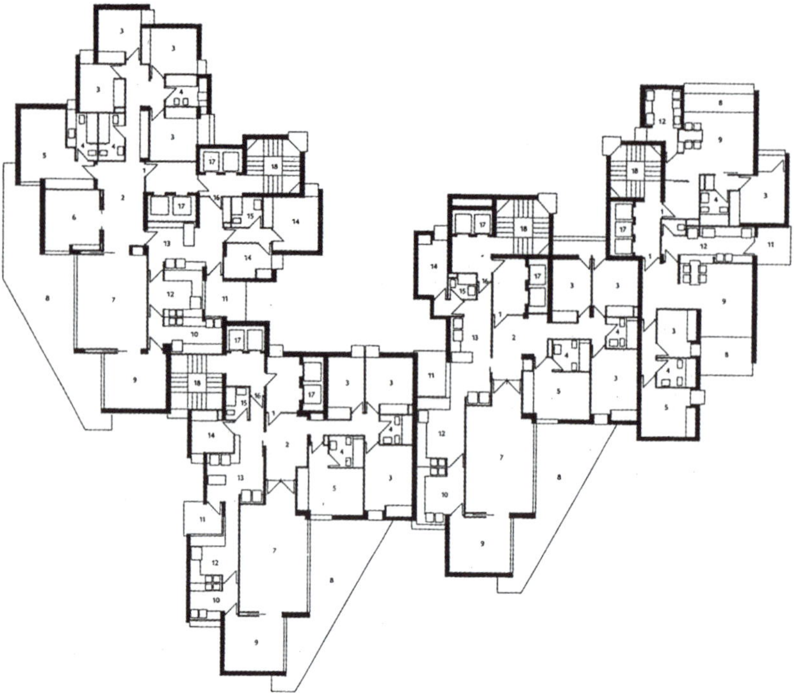

Planta tipo, 1968

Archivo General de la Universidad de Navarra/207/Proyecto 183

## Torre de Valencia

045 B

Calle de O'Donnell, 4

*Javier Carvajal Ferrer*

1968–1973

Este edificio, cuya silueta constituye un hito urbano para la ciudad, está situado frente al Parque del Retiro. El proyecto destaca por una cuidada composición volumétrica, con grandes espacios de circulación peatonal y zonas verdes próximas a la entrada. El arquitecto, mediante un concienzudo estudio de organización espacial, distribuyó las viviendas para que tuvieran el máximo soleamiento posible y vistas al parque. Con casi 100 m de altura, el edificio está constituido por un basamento que alberga un programa comercial y de oficinas, y una torre, con cuatro núcleos de comunicación que cubren las 25 plantas. Aplicando su experiencia previa en el Pabellón de España de la Expo de Nueva York, el arquitecto utilizó prefabricados de hormigón armado en su construcción. Con una indudable maestría en el trato de los volúmenes, este edificio constituye uno de los mejores ejemplos de arquitectura residencial en altura de la capital.

## Edificio de viviendas Espalter 046 B

Calle Espalter, 8
*Julio Cano Lasso,*
*Juan Gómez y González de la Buelga*
1958–1961

Este edificio residencial se sitúa en una de las zonas privilegiadas de la ciudad, entre el Museo Nacional del Prado, el Parque del Retiro y el Jardín Botánico. El solar, emplazado en un tejido urbano consolidado, planteaba una serie de dificultades geométricas y topográficas que entorpecieron las labores iniciales del proyecto. A pesar de la forma alargada e irregular de la parcela, la pronunciada pendiente de la calle, y la excesiva profundidad del firme, los arquitectos consiguieron un magnífico aprovechamiento del solar, mediante la apertura de cinco patios que permitían el paso de luz natural a todas las viviendas, distribuidas alrededor de tres núcleos de comunicación independientes. La apertura de uno de los patios hacia la calle Espalter permitió retranquear y aumentar la superficie de fachada. El edificio cuenta con 12 plantas en las que se reparten 27 viviendas con tres tipologías diferentes y superficies comprendidas entre 200 y 400 m². De la elegante envolvente de ladrillo, destaca el alzado posterior con vistas al Jardín Botánico, en el que predomina el movimiento de la fachada, con volúmenes entrantes y salientes, orientados en función de las vistas. Con una brillante solución arquitectónica, este edificio, de marcada austeridad y rigurosidad constructiva, es considerado un referente tipológico de posteriores obras de vivienda colectiva.

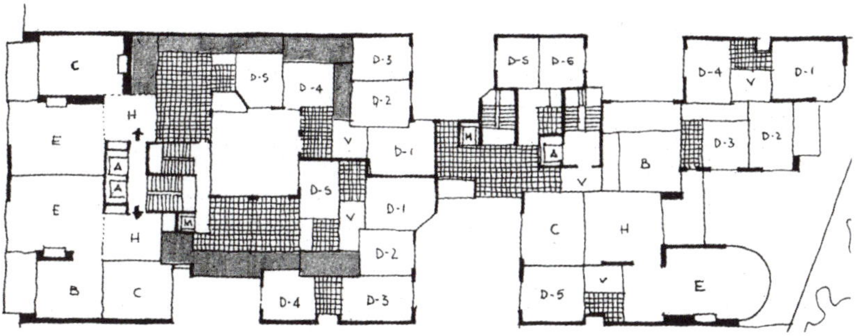

**Esquema de planta tipo, 1958**

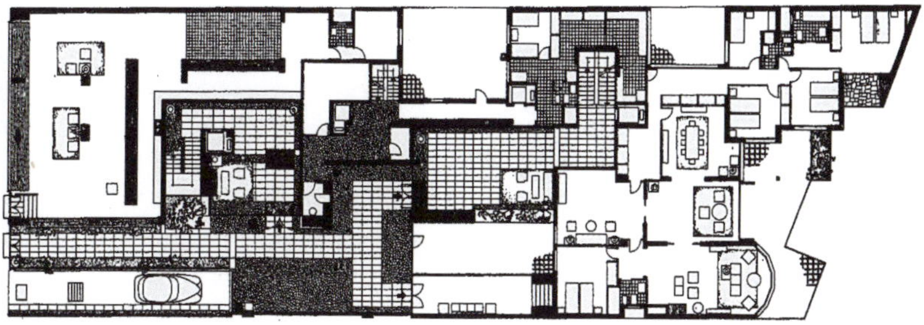

**Planta de acceso, 1958**

**Ampliación del Museo Nacional del Prado**

047 B

Paseo del Prado

*Rafael Moneo Vallés*

2000–2007

Diseñado inicialmente para acoger el Gabinete de Ciencias Naturales del reinado de Carlos III, el edificio principal del Museo Nacional del Prado fue proyectado en 1785 por el arquitecto Juan de Villanueva. A lo largo de los siglos XIX y XX, este magnífico edificio histórico, declarado Bien de Interés Cultural, acometió diversas transformaciones para adaptarse a sus necesidades museísticas. Ya en el siglo XXI, el constante incremento de visitantes obligó a la institución a llevar a cabo una nueva ampliación —realizada por el prestigioso arquitecto Rafael Moneo— que permitiera aumentar la superficie expositiva. El edificio original se conecta con una construcción de nueva planta en la que se integra la rehabilitación del Claustro de los Jerónimos, que recupera su carácter original. Un lucernario conecta la zona del claustro con los espacios inferiores, permitiendo la iluminación natural de todo el conjunto. La unión entre ambos edificios queda oculta de cara al exterior, gracias a una plataforma ajardinada que se funde con la perspectiva del vecino Jardín Botánico. El nuevo volumen de ladrillo supone un incremento de superficie de más de 16.000 m² destinados a diferentes actividades relacionadas con la exhibición y conservación de los fondos del museo.

B

## Remodelación del Ayuntamiento de Madrid (Antigua Casa de Correos y Telégrafos de Madrid)

048 B

Plaza Cibeles, 1

*Francisco Rodríguez de Partearroyo Conde, David Márquez Latorre, Ángel Martínez Díaz, Francisco Martínez Díez*

2004–2011

Este monumental palacio fue diseñado a principios del siglo XX por los arquitectos Joaquín Otamendi Machimbarrena y Antonio Palacios Ramilo para acoger la sede de la Sociedad Estatal de Correos y Telégrafos. Convertido en su día en paradigma de modernidad de una ciudad en progreso, el edificio, cuyo lenguaje estético responde a referencias modernistas, se erige sobre un amplio solar irregular que se abre hacia la ciudad. Declarado Bien de Interés Cultural en 1993, fue en 2003 cuando comenzó el proyecto de rehabilitación del edificio, en el que el nuevo equipo de arquitectos se encargó de su transformación para convertirlo en un centro cultural y la actual sede del Ayuntamiento. Sin restar protagonismo al espacio preexistente, el proyecto de intervención permite una clara lectura de la nueva actuación en el edificio. Destaca la galería de cristal, que cubre el antiguo pasaje entre las calles Montalbán y Alcalá, antes ocupado por vehículos de reparto. Se trata de una gran cubierta de geometría irregular, con una sofisticada estructura en forma de bóveda acristalada, y cuya elevada altura cobija más de 2.400 m$^2$ de nuevo uso público.

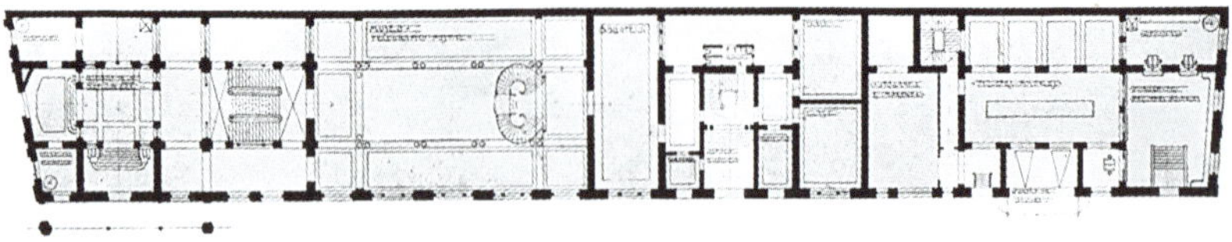

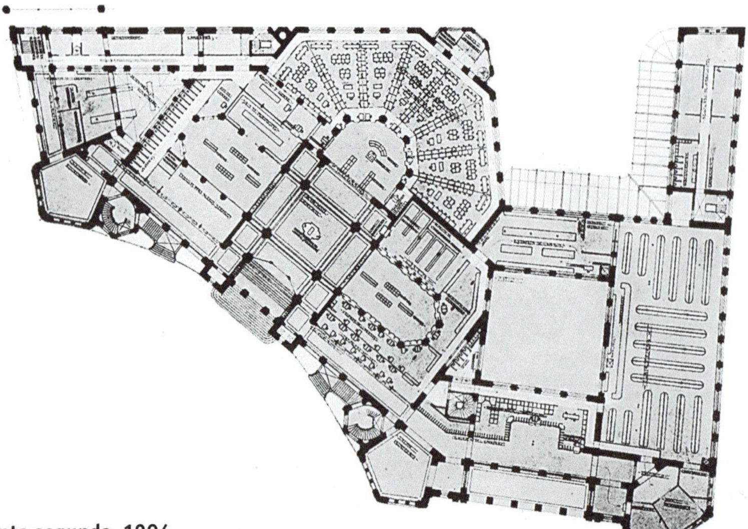

**Planta segunda, 1904**

0
500 m
074
073
072
Calle del Príncipe de Vergara
Estadio Santiago Bernabéu
070
Parque de Berlín
EL VISO
Azca
068
067
Avenida Dr. Arce
069
CIUDAD JARDÍN
Nuevos Ministerios
Paseo de la Castellana
065
066
064
063
Calle del Príncipe de Vergara
Museo Nacional de Ciencias Naturales
061
060
062
Calle de Francisco Silvela
Calle de Velázquez
058
057
059
056
Paseo de Eduardo Dato
Calle de Juan Bravo
055
053
054
052
051
050
Calle de Don Ramón de la Cruz
ALMAGRO
Paseo de la Castellana
Calle de Ayala
049
GOYA

071
SAN JUAN
BAUTISTA
SAN
PASCUAL
Avenida de América
GUINDALERA
Plaza de Toros
de las Ventas
VENTAS

crédito y caución
P
Público 24 H.
SERRANOPARK

**Edificio IBM**
Paseo de la Castellana, 4
*Miguel Fisac Serna*
1966–1968

049 C

Este llamativo edificio de oficinas, situado a unos metros de la Plaza de Colón, orienta su fachada principal hacia el Paseo de la Castellana. Emplazado sobre un solar trapezoidal situado en esquina, el edificio ocupa toda la superficie de la parcela, adaptando su volumen a la alineación urbana, y retranqueando la zona de acceso en la planta baja para obtener mayor edificabilidad. Siguiendo el modelo de arquitectura comercial americana de los años sesenta, Fisac buscó en este proyecto flexibilizar el espacio de trabajo, liberándolo de compartimentaciones innecesarias. Aprovechando la medianera de la parte trasera de la parcela, el arquitecto concentró en esta zona el núcleo de comunicación vertical, los aseos y los cuartos de instalaciones, despejando el resto de la planta para ubicar el programa de oficinas en un espacio diáfano. Las mesas de trabajo se organizan de esta forma en un único espacio ordenado por una retícula estructural de pilares de hormigón. Ese afán de libertad espacial venía también motivado por la búsqueda de una iluminación potente y uniforme que inundara lo máximo posible la zona de trabajo común. Animado por esta idea, y utilizando piezas huecas de hormigón pretensado de sección cóncava, diseñó un ingenioso sistema de fachada que cubre toda la envolvente del edificio. Mediante una sencilla combinación de estas piezas, el cerramiento genera un ritmo constante de vanos y macizos, provocando la entrada uniforme de luz natural en el interior y expresando con claridad hacia el exterior la naturaleza del inmueble.

## ≚ Iglesia Parroquial de Santa María del Monte Carmelo

050 C

Calle de Ayala, 37
*Luis Gutiérrez Soto*
1960–1966

Para este edificio situado entre medianeras, el arquitecto quiso diseñar una iglesia moderna dentro del espíritu tradicional. La planta del templo, encajada en un rectángulo, se dispone en forma de abanico orientado hacia el altar, lo que permite lograr un espacio diáfano y con mejor visibilidad. A su vez, las vidrieras laterales y la iluminación cenital sobre el presbiterio favorecen el carácter litúrgico del espacio. Destaca la estructura de hormigón, con pilares y jácenas hiperbólicas en la zona de la cripta y soportes, ménsulas y contrafuertes en el templo, sustentando el coro y la cubierta.

## ≙ Parroquia de Nuestra Señora del Rosario de Filipinas

051 C

Calle del Conde de Peñalver, 40
*Cecilio Sánchez-Robles Tarín*
1967–1970

Esta llamativa construcción eclesiástica forma parte de un complejo arquitectónico concebido como un único proyecto, en el que encontramos dos usos distintos: el centro parroquial y un edificio comercial y de oficinas. Ambas construcciones vuelcan a la calle, pero de este conjunto destaca la edificación religiosa, que incluye una cripta en el sótano, una capilla a nivel de calle y el convento de la casa dominica en la parte superior, distribuido a lo largo de cuatro plantas. El edificio, que se sitúa sobre el solar donde estaba el antiguo monasterio de los padres dominicos, se diseñó con el fin de adaptar el conjunto a un programa más amplio. Con una destacada monumentalidad y gran plasticidad formal, el arquitecto demostró aquí su admiración por las revolucionarias obras de Le Corbusier. Evidente es el acertado uso de los materiales básicos del proyecto, el hormigón y hierro utilizados en su estado natural. Es también digna de mención la belleza del interior de la iglesia, con una iluminación muy cuidada gracias a las aperturas cenitales sobre el presbiterio.

**Edificio Beatriz** 052 C

Calle de José Ortega y Gasset, 29

*Eleuterio Población Knappe*

1968–1976

Situado en pleno distrito de Salamanca, este edificio destinado a oficinas y bajos comerciales, destaca por su elegante resolución arquitectónica, propia de uno de los arquitectos más prolíficos e interesantes de su generación. Para este proyecto, Eleuterio Población Knappe apostó por liberar la planta con respecto a la estructura, y agrupar las instalaciones y circulaciones verticales en el espacio central. El edificio se pensó como una sucesión de bandejas horizontales conectadas entre sí a través de un núcleo de comunicación vertical. Este espacio, además de conectar las distintas plantas, soporta la acumulación de cargas centrales y contiene todos los conductos de las instalaciones del edificio. Por otra parte, el arquitecto se impuso desde el principio el diseño del proyecto según un módulo base de 90 × 90 cm, tanto en el plano vertical como en el horizontal, con el objetivo de permitir la adaptación del espacio interior a futuras modificaciones, además de procurar la prefabricación del máximo número de piezas posible para su construcción. Es preciso señalar la interesante solución estructural adoptada en esta obra, en la que se emplearon piezas de hormigón prefabricado como sistema constructivo portante en toda la fachada, con uniones articuladas apoyadas sobre junta de neopreno. Con un color gris rosado y una altura igual a la de cada planta, estos elementos portantes actúan a su vez como parasoles, aportando gran expresividad al conjunto.

## Edificio Girasol

053 C

Calle de José Ortega y Gasset, 23
*José Antonio Coderch,*
*Manuel Valls Verges*
1964–1966

Este emblemático edificio de viviendas es una de las pocas obras que el prestigioso arquitecto catalán llevó a cabo en la capital. José Antonio Coderch, que fue representante en España del CIAM y miembro del Team X, hizo honor a sus ideales sobre arquitectura moderna en este magnífico proyecto en el que la orientación de las viviendas juega un papel determinante. Construido sobre un solar en esquina, la compleja disposición de las viviendas en diagonal y el riguroso tratamiento diferenciado del espacio en cada una de ellas, viene condicionado por el máximo aprovechamiento de la parcela. Concebidas por el arquitecto como espacios independientes dentro del conjunto, todas las viviendas están separadas por un muro perimetral que parte del patio interior de manzana y atraviesa el bloque hasta llegar a la calle Lagasca, donde vuelcan todas las terrazas retranqueadas, buscando el máximo aprovechamiento de la luz a lo largo del día. Destaca en la organización de cada una de ellas el notable empeño por separar las zonas públicas de las privadas. Con una forma ondulante que envuelve la fachada, el muro rojizo es también el principal elemento expresivo del edificio. Llama la atención el tratamiento vertical de la plaqueta cerámica utilizada en esta envolvente, que juega con diferentes tonalidades y se combina con celosías de madera en las zonas de las terrazas, aportando de esta forma ligereza al resto del conjunto.

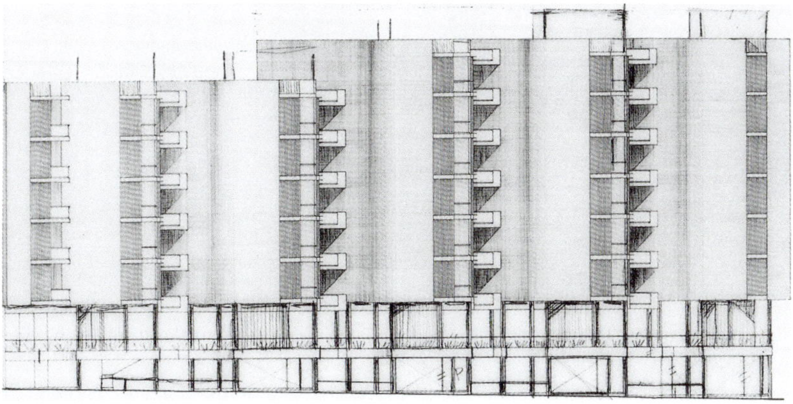

**Alzado este, 1965**

**Planta, 1965**

### Remodelación de la sede central del Banco Santander

054 C

Paseo de la Castellana, 24
*Hans Hollein,*
*Gonzalo Echenique Gordillo,*
*Alfonso Millanes Mato*
1988–1994

Este antiguo palacete data de finales del siglo XIX, y fue remodelado en la década de los noventa para acoger las oficinas centrales del Banco Santander. El arquitecto austriaco Hans Hollein, ganador del premio Pritzker en 1985, fue el encargado de llevar a cabo este proyecto. El edificio es el resultado de la recuperación de varios inmuebles históricos que formaban parte de la manzana original, cuyo antiguo patio de luces fue transformado radicalmente en la actual sala de operaciones. Elogiando las posturas posmodernistas de los años ochenta, el arquitecto diseñó una nueva estructura central en forma de cono invertido que actúa como vestíbulo principal, articulando el nuevo espacio rehabilitado a su alrededor. Con sus 23 m de diámetro, esta monumental plaza interior se eleva 27 m sobre el nivel de acceso, dialogando a la perfección con el antiguo edificio a través de una gran cúpula de vidrio que inunda el espacio de luz natural. Parte de esta dialéctica se debe también al acierto en el empleo de una gran pantalla metálica de bronce que envuelve todo el conjunto.

Revista Arquitectura. Órgano del COAM

### » Rehabilitación y remodelación del Centro Comercial ABC Serrano

055 C

Calle de Serrano, 61
*Mariano Bayón Álvarez*
1995–1998
*L35 Arquitectos*
2014–2016

La construcción de este edificio comenzó en 1898 de la mano del arquitecto José López Sallaberry para albergar la sede de la revista española *Blanco y Negro*. Tiempo después, entre 1926 y 1932, se realizaron dos ampliaciones con fachada al Paseo de la Castellana. Este peculiar conjunto arquitectónico desempeñó la función para la que había sido proyectado hasta el año 1989, fecha en la que el célebre arquitecto Mariano Bayón comenzó un proyecto de reestructuración para convertirlo en el actual Centro Comercial ABC Serrano, en el que destaca la creación de una galería interior que une la calle Serrano con el Paseo de la Castellana. Actualmente, la oficina L35 Arquitectos está llevando a cabo un nuevo proyecto de remodelación, cuyo diseño se centra en mejorar las circulaciones verticales en la plaza central y conseguir una potente iluminación natural a través de la construcción de un gran lucernario de coronación.

MERCADONA
MERCADONA

## Sede de la Comisión Europea y Embajada de Irlanda (Antiguo Edificio Bankunión)

056 C

Paseo de la Castellana, 46

*José Antonio Corrales Gutiérrez, Ramón Vázquez Molezún*

1972–1975

Este peculiar edificio, con llamativa envolvente de aluminio rojo anodizado, ocupa un lugar privilegiado en el Paseo de la Castellana. El proyecto, conocido como «la cafetera», es el resultado de un concurso convocado en 1970 por la antigua Unión Industrial Bancaria (Bankunión) para albergar la nueva sede de sus oficinas. Los dos magníficos arquitectos, ambos galardonados con el Premio Nacional de Arquitectura, pensaron el proyecto basándose en el máximo aprovechamiento de luz natural, agrupando aseos, instalaciones y circulaciones en los extremos, para conseguir la máxima flexibilidad en planta. El edificio, con diez niveles sobre rasante, sitúa en sus extremos dos muros-pantalla de hormigón, donde se encuentran los núcleos verticales. Este planteamiento da lugar a una única crujía de 15 m de anchura, formada por losa armada y vigas pretensadas que apoyan en soportes de hormigón paralelos a la fachada. Una gran bóveda de cañón, formada por arcos de acero, cubre el edificio a modo de coronación. Junto con esta, destaca el moderno tratamiento de las instalaciones vistas sobre la fachada.

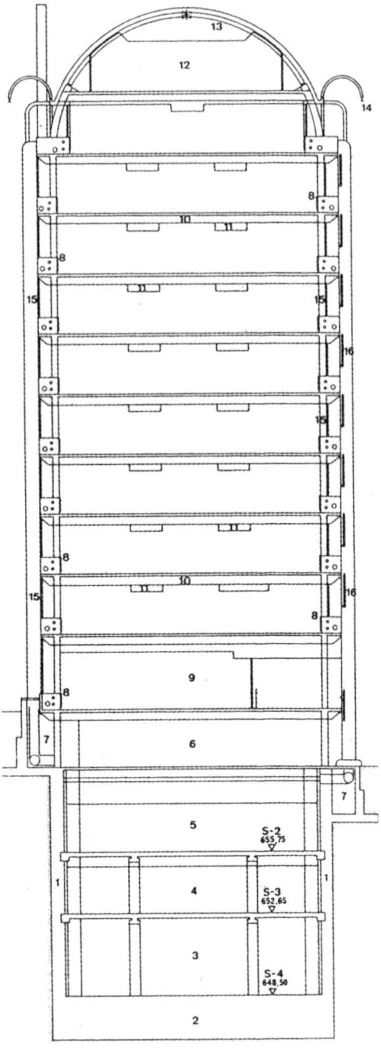

**Sección transversal, 1972**

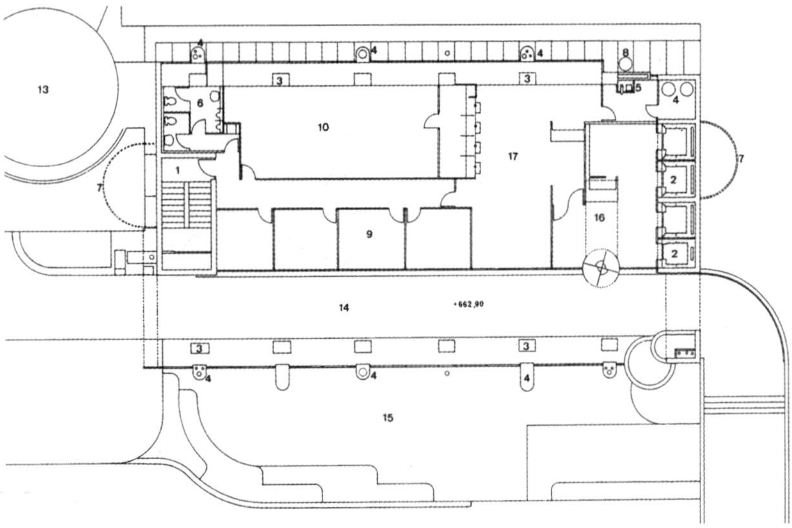

**Planta de acceso, 1972**

**Edificio Castelar** 057 C

Paseo de la Castellana, 50
*Rafael de La-Hoz Arderius, Gerardo Olivares James*
1975–1983

Esta grandiosa pieza acristalada se alza de manera llamativa sobre el Paseo de la Castellana. Aprovechando las fuertes características topográficas del solar, los arquitectos decidieron potenciar la presencia del proyecto sobre la ciudad mediante la creación de una plataforma de piedra que salvara el desnivel entre la avenida y la calle Serrano. La cualidad más destacada del edificio es su técnica estructural y constructiva. Proyectado como un paralelepípedo de vidrio, el edificio cuelga de una plataforma en voladizo sobre un núcleo estructural que se sitúa descentrado en su parte posterior, pareciendo así flotar sobre el gran zócalo.

### » Embajada de Estados Unidos

058 C

Calle de Serrano, 75
*Leland W. King, Ernest Warlon, Mariano Garrigues Díaz-Cañabate*
1950–1955

Ubicada en un punto muy singular de la ciudad, la construcción de la Embajada de Estados Unidos tuvo una difícil acogida en la sociedad madrileña por el modo en que se impuso en un sector urbano ya consolidado, y compuesto principalmente por palacetes desde principios del siglo XX. Proyectado por la sección de arquitectura del Departamento de Estado Norteamericano, y en colaboración con el arquitecto Mariano Garrigues Díaz-Cañabate en la ejecución de las obras, este edificio fue uno de los primeros en seguir los parámetros del estilo internacional en Madrid. El conjunto se desarrolla en altura sobre un basamento en forma de «L», liberando un amplio espacio en la parte de delante para su uso como aparcamiento en continuidad con la ciudad, lo que supuso un nuevo concepto de edificación abierta.

### » Hospital Universitario de la Princesa

059 C

Calle de Diego de León, 62
*Manuel Martínez Chumillas*
1952–1956

Este gran edificio de casi 68.000 m² ocupa una manzana completa del Barrio de Salamanca, y fue diseñado siguiendo las corrientes del Movimiento Moderno que imperaban en Europa. Desde un inicio se otorgó un doble uso al edificio, el de hospital y el de ambulatorio de día, con entradas por las cuatro fachadas, de forma que ninguna cobraba especial protagonismo. Llamativo por su imponente geometría y con una planta rectangular dispuesta alrededor de cinco grandes patios, el edificio se levanta sobre un potente basamento de dos alturas, a partir del cual se erigen dos bloques de gran envergadura conectados entre sí. Con plantas en forma de peine, en la que destacan las terrazas de gran vuelo en los extremos, queda patente la preocupación del arquitecto por conseguir buena ventilación y orientación en todos los niveles.

**Torres Blancas**
060 C
Avenida de América, 37
*Francisco Javier Sáenz de Oíza*
1961–1968

Este singular edificio, al que se le otorgó el premio de la Excelencia Europea en 1974, es uno de los ejemplos más representativos del planteamiento organicista en España. Situada al pie de una de las vías de acceso rápido a la ciudad, esta conocida torre cosechó duras críticas en sus inicios debido a su forma poco convencional, pero a día de hoy se ha convertido en uno de los principales hitos arquitectónicos de la ciudad. El proyecto, concebido como un experimento desde los primeros bocetos, agrupa diferentes tipos de vivienda en torno a una estructura vertical de muros portantes de hormigón, generando una construcción de planta libre, extensa e irregular. El arquitecto, influenciado por el panorama arquitectónico del norte de Europa, con referentes como Alvar Aalto, buscó en todo momento generar una estructura espacial que favoreciera la libertad formal del proyecto. En la parte superior, el edificio se expande, abriéndose en grandes plataformas circulares de más de 10 m de diámetro, que otorgan gran expresividad formal al conjunto. Con más de veinte alturas, cada planta de la torre se divide en cuatro viviendas que combinan espacios rectangulares y circulares con terrazas curvas en voladizo, por donde se filtra la luz a las estancias interiores.

C

## ¥» Colonia Virgen del Pilar

061 C

Calle Mataelpino, 1
*Francisco de Asís Cabrero*
1944–1956

La colonia Virgen del Pilar constituye un conjunto de viviendas ubicadas cerca del Intercambiador de Avenida de América, junto a una de las entradas principales a la ciudad. Se trata de una de las primeras construcciones de posguerra destinadas a vivienda social en Madrid y se llevó a cabo en cuatro fases ejecutadas a lo largo de catorce años. Con más de veinte tipologías arquitectónicas distintas, las primeras fases fueron realizadas por los arquitectos Luis Gámir Prieto y Eduardo Olasagasti Irigoyen, mientras que la última fase, de la que aquí nos ocupamos, fue proyectada por el arquitecto Francisco de Asís Cabrero, cuyos estudios sobre la vivienda mínima y la economía de la construcción le llevaron a realizar un proyecto sencillo pero de gran innovación para la época. Con una treintena de viviendas dúplex integradas en un único bloque, esta construcción supone un punto de inflexión en el planteamiento arquitectónico de los edificios residenciales del momento. El bloque, concebido en forma de planta rectangular, consta de tres alturas bien diferenciadas, cada una de las cuales alberga una vivienda. Proyectado según el empleo de técnicas constructivas tradicionales, destaca la funcionalidad de la fachada, que responde a la organización estructural del edificio, formada por un conjunto de muros de carga que separan las viviendas, y cuya construcción en ladrillo otorga gran expresividad al bloque.

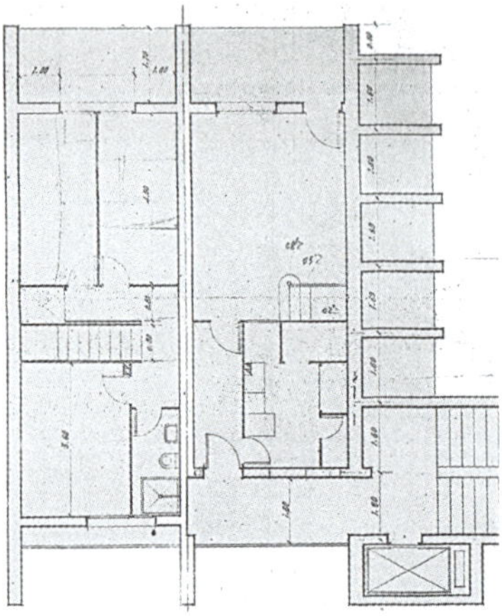

**Planta tipo de la cuarta fase, 1949**

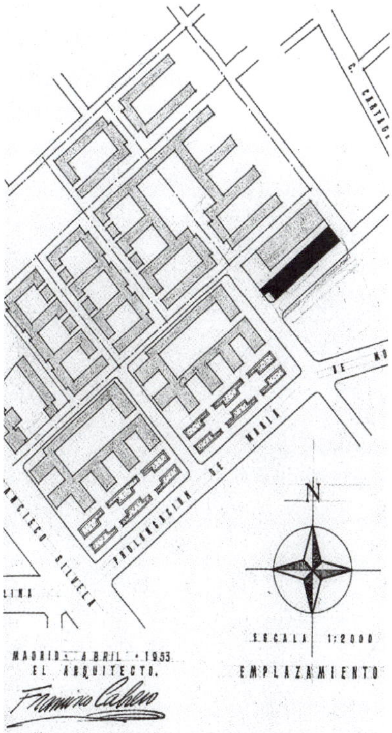


**Planta de emplazamiento de la colonia Virgen del Pilar, dibujo original del arquitecto Francisco de Asís Cabrero, dibujo de 1953**

### Edificio de viviendas

062 C

Paseo de la Castellana, 68
*Luis Gutiérrez Soto*
1953–1966

Situado en un amplio solar de esquina, este edificio constituye un acierto dentro del juego de volumetrías, asimetrías y acabados que el arquitecto había venido experimentando en obras anteriores. El proyecto sufrió numerosas variaciones desde su concepción inicial hasta la finalización de su obra, proceso durante el cual Luis Gutiérrez Soto colaboraba estrechamente con el cliente. Aunque el edificio está formado por tres volúmenes, se proyectó como una unidad. El volumen más alto, dedicado a oficinas, tiene una composición y materialidad diferentes a las otras dos piezas de menor tamaño, destinadas a viviendas. Mientras que el primero destaca por su similitud con el edificio para el Estado Mayor de la Defensa, del mismo arquitecto, los otros dos se distinguen por el tratamiento en la composición de la fachada, en la que predomina la horizontalidad de las terrazas, que vuelcan al Paseo de la Castellana.

### » Secretaría General de Pesca. Ministerio de Agricultura, Pesca, Alimentación y Medio Ambiente

063 C

Calle de Velázquez, 144
*Miguel Fisac Serna*
1949–1956

Este edificio, uno de los más destacados del famoso arquitecto, fue encargado en su origen por el Consejo Superior de Investigaciones Científicas para acoger un Instituto de Microbiología. Situado sobre un gran solar triangular, durante el desarrollo de este proyecto el arquitecto exploró nuevos modelos creativos, más allá del clasicismo de otros edificios del CSIC que había desarrollado con anterioridad. Inspirado por obras de referentes modernos europeos como Erik Gunnar Asplund, Fisac proyectó un edificio con planta en esquina, adaptándose a la alineación urbana de la parcela. Formado por dos volúmenes alargados que confluyen en curva cóncava, el edificio se organiza en torno a un gran patio exterior ajardinado de uso público. La fuerte simetría del edificio es compensada por el diferente tratamiento que sutilmente se da a la fachada norte del cuerpo central, construida como un sólido horadado, y en la que el púlpito en voladizo y la fuente escultórica de bronce constituyen una de las imágenes representativas de la arquitectura española del siglo XX.

### » Pabellón de párvulos del Colegio Ramiro de Maeztu

064 C

Calle de Serrano, 127
*Carlos Arniches Moltó,*
*Martín Domínguez Esteban,*
*Eduardo Torroja Miret*
1933–1935

El Colegio Ramiro de Maeztu, situado en un entorno privilegiado cerca del Paseo de la Castellana, es uno de los centros de enseñanza con más historia de la ciudad. Heredero del antiguo Instituto Escuela de Madrid, fue a principios de los años treinta cuando se llevó a cabo la construcción de una serie de edificaciones con la idea de atender a un nuevo programa de necesidades que contribuyera a la renovación del sistema pedagógico. El más destacado es el pabellón de párvulos, en el que se emplearon novedosos métodos constructivos que han pasado a la historia del Movimiento Moderno en España. El proyecto organiza las aulas en hilera, y cada una de ellas tiene un jardín independiente al que se accede a través de un gran ventanal de 5 m de longitud que sirve como prolongación de las clases al aire libre. Unas espectaculares marquesinas en voladizo, cuya estructura de hormigón alcanza una gran expresividad formal propia del ingeniero Eduardo Torroja Miret, cubren la entrada a las aulas desde el exterior, lo que otorga un distintivo muy característico al conjunto.

**Patronato Juan de la Cierva** 065 C

Calle de Serrano, 150

*Ricardo Fernández Vallespín, Miguel Fisac Serna*

1949

Este conjunto de edificios pertenece al Consejo Superior de Investigaciones Científicas y organiza una gran manzana triangular que se encuentra en el último tramo de la calle Serrano. En una búsqueda de nuevos conceptos, más allá del clasicismo ya estudiado en obras previas para el CSIC, ambos arquitectos se preocuparon por encontrar un nuevo lenguaje monumental que ensalzara el uso institucional del complejo arquitectónico. Sin recurrir a una portada destacada que marcara la entrada principal, el acceso de este edificio queda escondido tras un espacio porticado de doble altura que hace las veces de basamento. Con un alzado oeste muy similar al del edificio para el Estado Mayor de la Defensa, construido en las mismas fechas por Luis Gutiérrez Soto, los arquitectos protegen la excesiva entrada de luz con un sistema de parasoles de hormigón, creando a su vez un potente ritmo de luces y sombras en la fachada.

### ≽ Edificio para el Estado Mayor de la Defensa

066 C

Paseo de la Castellana, 80

*Luis Gutiérrez Soto*

1949–1953

Esta construcción militar, situada frente al edificio de Nuevos Ministerios, es una de las obras destacadas de Luis Gutiérrez Soto. Diseñado en su origen para albergar las oficinas centrales del Alto Estado Mayor de la Defensa, el edificio se levanta sobre una complicada parcela triangular en esquina. El diseño inicial respondía a los planteamientos típicos de la arquitectura militar. Sin embargo, el arquitecto se arriesgó finalmente con un proyecto más acorde a las corrientes internacionales del momento, lo que supuso un importante cambio en la mentalidad arquitectónica del régimen. Destaca la sobriedad de la fachada principal, acorde con la estética del Movimiento Moderno, en la que el arquitecto, sin prestarse a concesiones decorativas, empleó la retícula como sistema compositivo.

### ≽ » Gimnasio del Colegio Maravillas

067 C

Calle de Joaquín Costa, 21

*Alejandro de la Sota Martínez*

1960–1962

El gimnasio del Colegio Maravillas es una de las obras maestras de la arquitectura del siglo XX y ha sido considerado durante décadas proyecto de referencia para varias generaciones de arquitectos españoles. El solar donde se ubica presenta un rotundo desnivel de 12 m entre el acceso superior al colegio y la calle Joaquín Costa, lo que supuso en un principio un complicado reto para el arquitecto, que se vio obligado a construir muros de contención escalonados con el fin de conseguir el espacio necesario para la cancha deportiva. Con un único gesto magistral, Alejandro de la Sota utilizó un sistema estructural de grandes cerchas metálicas para cubrir la pista de juegos y ampliar el patio exterior del colegio, destinando a su vez el canto de estas vigas a albergar una serie de aulas que completan el proyecto. Estas salas, que aprovechan la curvatura del cordón inferior de las vigas para disponerse en forma de auditorio, se retranquean de la fachada permitiendo una mayor entrada de luz natural sobre el gimnasio. En su interior, el cuidadoso uso de la madera contrasta con el carácter fabril de los materiales empleados en la fachada, cuya brillante composición arquitectónica permite la perfecta integración del edificio en el paisaje urbano.

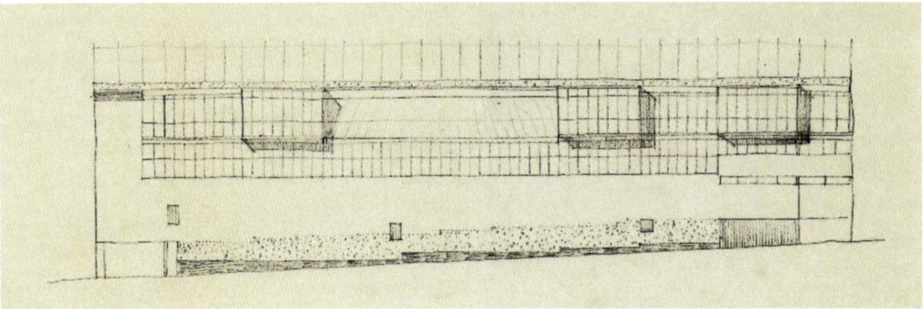

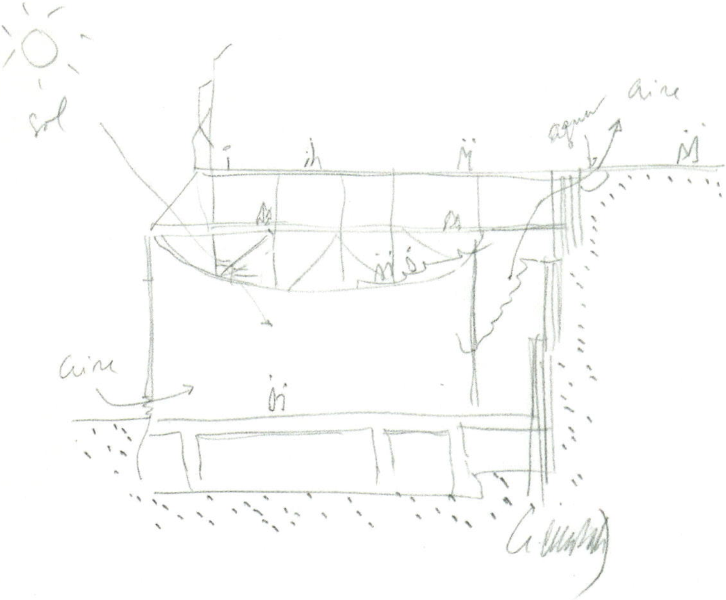


Fachada y boceto originales del arquitecto

## » Colonia El Viso

068 C

Entre las calles del Sil, Tormes, Turia y Nervión
*Rafael Bergamín Gutiérrez*
1933–1936

Esta colonia es considerada uno de los exponentes más claros del racionalismo español aplicado a una ordenación urbanística anterior a la Guerra Civil. Las ideas que forjaron esta ciudad jardín se basaban en el espíritu racionalista, con la ruptura de todo formalismo. El esquema general de esta colonia se desarrolla sobre una trama ortogonal que tiene su eje principal en la calle Serrano, y se organiza en pequeñas manzanas rectangulares para viviendas unifamiliares, cada una con dos jardines, uno delante de la fachada y uno trasero privado. Aunque al principio las viviendas se proyectaron en base a unas tipologías definidas, finalmente cada una fue tratada atendiendo a las preferencias del cliente. Su arquitectura se basa, en general, en conceptos históricos vinculados a estilos característicos propios de las distintas regiones del país. Desde el punto de vista constructivo, aportó una serie de innovaciones destacables para la época, economizando costes a base de diseñar elementos repetitivos, eliminar ornamentos y emplear materiales que permitieran gran rapidez en la realización de las obras.

## » Edificio de oficinas (Antiguo Edificio Endesa)

069 C

Calle del Príncipe de Vergara, 187
*Eleuterio Población Knappe*
1977–1985

Esta imponente edificación se encuentra en una de las arterias principales de la ciudad. Junto con el edificio anexo de menor altura, se construyó en su día para albergar la sede de la Empresa Nacional de Electricidad, Endesa. El proyecto se diseñó pensando en obtener la máxima flexibilidad en la distribución de la zona de trabajo. El programa se organiza en dos edificios, unidos por un espacio ajardinado: uno de doce alturas destinado a oficinas y otro más pequeño que alberga las dependencias comunes dedicadas a cafetería, salas de reunión y espacios de representación de empresa. En este proyecto, el arquitecto apostó una vez más por adecuar el espacio a una trama modular reguladora, que permitiera la celeridad de todo el proceso constructivo. Aplicando las técnicas más modernas de su época y con la intención de expresar su uso en todo el proyecto, se planteó el cerramiento de fachada del edificio como una carcasa ligera y continua, para la que se utilizó un sistema prefabricado de piezas de aluminio anodizado, que dan lugar a un ritmo continuo de huecos y macizos en toda la envolvente.

## ✖ Parroquia de Nuestra Señora de Guadalupe

070 C

Calle Puerto Rico, 1
*Félix Candela Outeriño,*
*Enrique de la Mora Palomar,*
*José Ramón Azpiazu Ordóñez,*
*José Antonio Torroja Cavanillas*
1961–1967

Esta peculiar iglesia, ubicada frente al Parque de Berlín, es la única obra que el gran arquitecto Félix Candela Outeriño llevó a cabo en su ciudad natal. Discípulo del gran maestro Eduardo Torroja Miret, para este proyecto contó con la colaboración de su hijo, el también ingeniero José Antonio Torroja, y de los arquitectos Enrique de la Mora Palomar y José Ramón Azpiazu Ordóñez. El templo, que ocupa una gran planta octogonal inscrita en una circunferencia de más de 50 m de diámetro, sitúa el altar en el centro de una nave diáfana, disponiendo las gradas de los fieles alrededor. El elemento más característico del proyecto es la gran cubierta de hormigón. Esta magistral estructura ondulada, cuya forma piramidal y alargada representa la idea del acercamiento a Dios, está formada por ocho paraboloides hiperbólicos de 4 cm de espesor unidos mediante coloridas vidrieras que iluminan el interior de la iglesia, otorgándole un ambiente único de gran calidez y misticismo.

C

**Parroquia de Nuestra Señora de la Luz**

071 C

Calle Fernán Núñez, 4
*José Luis Fernández del Amo*
1967–1969

Esta sencilla parroquia, que pasa prácticamente desapercibida en un pequeño barrio del noreste de la ciudad, se proyectó no solo como un espacio religioso de recogimiento y meditación, sino también como un lugar de encuentro para los feligreses que acuden a ella. El edificio está formado por la iglesia, las dependencias de los sacerdotes y un pabellón social de uso comunitario. Todas las estancias se organizan en torno a un patio porticado que, a modo de atrio, centraliza las circulaciones y sirve de entrada desde el exterior. El espacio más característico del conjunto es el interior de la iglesia, cuya cubierta aligerada con forma de pirámide truncada y un gran lucernario en su parte central, permite la entrada de luz cenital, dando lugar a una atmósfera cálida y espiritual adecuada para la congregación de los fieles.

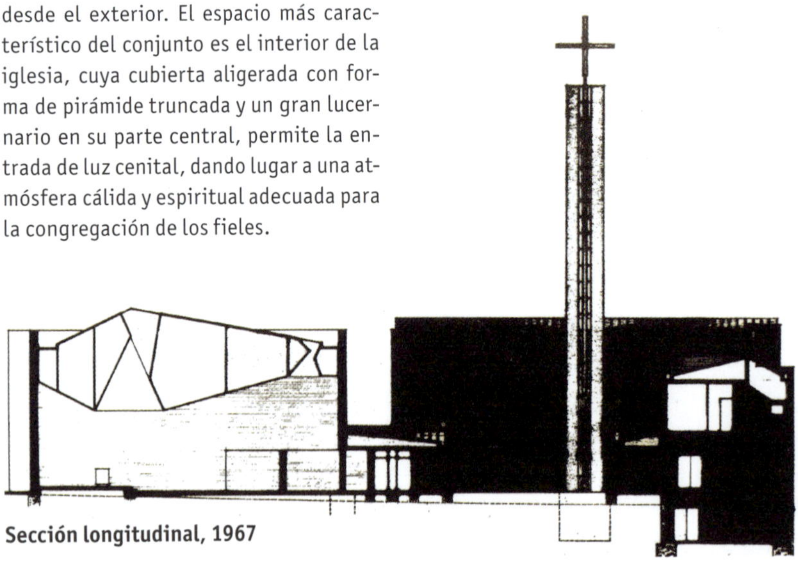

**Sección longitudinal, 1967**

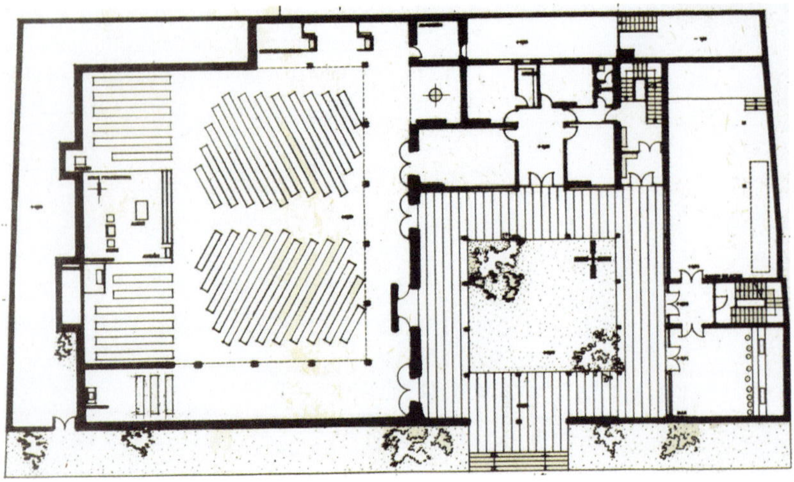

**Planta de acceso, 1967**

**Centro de Formación Profesional Santamarca**

072 C

Calle Costa Rica, 30

*Fernando Moreno Barberá*

1970–1972

Este monumental edificio de hormigón, galardonado en 1974 con el premio del Colegio Oficial de Arquitectos de Madrid, fue construido siguiendo la estela de los grandes proyectos brutalistas herederos del Movimiento Moderno. Fernando Moreno Barberá, que siempre fue un gran admirador de la obra de Le Corbusier, experimentó en este proyecto con el uso de elementos propios de la arquitectura orgánica, impulsada en Madrid desde la construcción del Pabellón de los Hexágonos, obra de los arquitectos José Antonio Corrales y Ramón Vázquez Molezún. El edificio, que destaca por su apariencia monumental, consta de una plataforma de la que sobresalen dos grandes bloques conectados entre sí a través de otros pabellones de menores dimensiones y una serie de patios ajardinados. Contrasta la diferencia entre la rotundidad del hormigón visto utilizado en los laterales de fachada, así como en las potentes marquesinas de entrada y la ligereza de las lamas metálicas que protegen los ventanales corridos del los frentes principales. A su vez, merece la pena destacar el mural exterior de la testera del salón de actos, en el que se aprecia la expresividad de los materiales utilizados.

**Edificio Eurobuilding I**

073 C

Avenida de Alberto de Alcocer,18

*Eleuterio Población Knappe*

1965–1970

El famoso edificio Eurobuilding I pertenece a un conjunto de modernos equipamientos hoteleros que se construyeron en Madrid en las décadas de los sesenta y setenta. El proyecto, que ocupa toda la extensión del solar, consta de una gran plataforma horizontal que acoge los servicios comunes del hotel y locales comerciales. Sobre ella se erigen dos grandes volúmenes que albergan las habitaciones y apartamentos, a los que se accede a través de un amplio pasillo que aloja la circulación vertical. Con una gran elegancia en el tratamiento de los volúmenes, el arquitecto procuró la alternancia de pequeñas plazas interiores sobre el basamento del edificio, que junto con los múltiples accesos desde las cuatro calles perimetrales, disuelve la barrera entre el espacio público y privado, creando una sensación de continuidad con la ciudad. Sin lujos superfluos ni ostentación alguna, las fachadas destacan por la sobriedad en el empleo de los materiales y por una clara intencionalidad en el tratamiento de los huecos, donde las líneas horizontales son las protagonistas.

## Estación de Chamartín

074 C

Calle Rodríguez Jaén, 40
*José Antonio Corrales Gutiérrez, Ramón Vázquez Molezún, Rafael Olalquiaga Soriano, José Antonio Pruneda Argota*
1972–1976

La estación de Chamartín se llevó a cabo como parte del desarrollo de nuevos enlaces ferroviarios para la ciudad. Se trata de una de las mayores actuaciones urbanísticas llevadas a cabo en la segunda mitad del siglo XX, y se proyectó con el objetivo de mejorar las conexiones con la zona sur de la ciudad y con el norte de España. Además de las estaciones de larga distancia y de cercanías, el complejo cuenta con un edificio de mercancías, una central térmica, un hotel y varias galerías comerciales. El proyecto se desarrolla mediante un ingenioso sistema de plataformas que, elevadas sobre las vías del tren, se conectan con las arterias principales de la zona, convirtiéndose en una prolongación del Paseo de la Castellana. Cuenta también con una plaza peatonal ubicada en la zona sur de la estación.

**Maqueta, 1972**

**Dirección General del Catastro (Antiguo *Diario Arriba*)** 075 C
Paseo de la Castellana, 272
*Francisco de Asís Cabrero*
1960–1963

Este imponente edificio se encuentra situado a los pies de la prolongación del Paseo de la Castellana, a unos metros de distancia de la Estación de Chamartín. Construido en su momento para albergar la sede del antiguo *Diario Arriba*, se trata de una de las obras de mayor rigor y sencillez del conocido arquitecto. Influido en gran medida por la obra americana de Mies van der Rohe, Francisco de Asís Cabrero organizó el edificio en torno a una potente retícula ortogonal, diferenciando dos bloques principales de gran sencillez volumétrica, al igual que años atrás habría hecho en la Casa Sindical en el Paseo del Prado. El bloque vertical, de gran monumentalidad y rotundidad, se destinó a oficinas y zonas de redacción, mientras que la nave horizontal que queda a su espalda, de aspecto fabril, sirvió para alojar los talleres de prensa. El conjunto, que hoy acoge las instalaciones de la Dirección General del Catastro, se concibió como un espacio diáfano para poder llevar a cabo una libre disposición en planta. La estructura de acero se muestra con gran rotundidad en toda la fachada, en la que los entrepaños de vidrio, aluminio y fábrica de ladrillo dejan patente una cuidada composición arquitectónica.

0
250 m
BELLAS VISTAS
Facultad de Educación
Avenida de Pablo Iglesias
CIUDAD UNIVERSITARIA
Cruz Roja Española
Hospital Central de la Cruz Roja San José y Santa Adela
Calle de Raimundo Fernández Villaverde
Instituto Geográfico Nacional
Parque de Santander
Universidad San Pablo CEU
Tercer Monasterio de la Visitación de Santa María
Iglesia de San Juan Crisóstomo
Tribunal Constitucional
Calle de San Francisco de Sales
VALLEHERMOSO
Hospital Clínico San Carlos
Calle de Bravo Murillo
094
Calle de Cea Bermúdez
Parroquia de Santa Rita
Parroquia de San Cristóbal y San Rafael
Calle de Isaac Peral
GAZTAMBIDE
Parroquia del Santísimo Cristo de la Victoria
Centro Cultural Galileo
ARAPILES
093
Calle de la Princesa
Parroquia de Nuestra Señora de los Dolores
Calle de San Bernardo
Calle de Fuencarral
Calle de Alberto Aguilera

CUATRO CAMINOS
Estadio Santiago Bernabéu
080
Avenida de Concha Espina
Calle del Comandante Zorita
Calle de Orense
077
081
076
082
078
079
Paseo de la Castellana
EL VISO
Calle de Joaquín Costa
RÍOS ROSAS
083
Calle Vitruvio
Instituto Geológico y Minero de España
Calle de Ríos Rosas
CSIC
Parroquia de San Juan de la Cruz
Residencia de Estudiantes
Museo Nacional de Ciencias Naturales
Calle de José Abascal
Calle de María de Molina
Basílica Parroquia La Milagrosa
Calle Miguel Ángel
ALMAGRO
084
Paseo del General Martínez Campos
085
092
086
Calle de Serrano
087
Paseo de Eduardo Dato
Parroquia San Fermín de los Navarros
Calle de Almagro
Calle de Luchana
091
088
090
089

### » Conjunto AZCA

076 D

Entre el Paseo de la Castellana, la Avenida del General Perón y las calles Raimundo Fernández Villaverde y Orense
*Antonio Perpiñá Sebriá*
1957–1966

El conjunto AZCA, uno de los centros comerciales y financieros con los edificios más emblemáticos de la ciudad, surgió de la necesidad de ordenación del ensanche norte del Paseo de la Castellana, propuesto en el Plan Bigador de 1946. El proyecto, para el que Antonio Perpiñá se inspiró en otros centros financieros como el Rockefeller Center de Nueva York, es el resultado de un concurso convocado en 1954 por la Comisaría General de Ordenación Urbana de Madrid con el objetivo de desarrollar una gran intervención urbana a modo de plataforma que contase con grandes edificios de oficinas, equipamientos culturales y bloques de viviendas, separando el tráfico rodado del tránsito peatonal y el trazado ferroviario.

### » Torre Picasso

077 D

Conjunto AZCA,
Plaza Pablo Ruiz Picasso
*Minoru Yamasaki,*
*Jorge Mir Valls, Rafael Coll Pujol,*
*Juan D. Sastre de Miguel,*
*Genaro Alas Rodríguez, Pedro Casariego Hernández-Vaquero, Fernando Cid García*
1977–1988

Este emblemático rascacielos, ubicado en el conjunto AZCA, fue proyectado por el arquitecto estadounidense de origen japonés Minoru Yamasaki. Este diseñó un elegante edificio coronado por una cornisa a modo de escultórica columna dórica, cuya estructura radial recuerda al proyecto de la torre Chicago Tribune del arquitecto Adolf Loos. Con una sencilla fachada modulada por una estructura perimetral de acero, el edificio de 51 plantas se levanta en torno a un núcleo central que contiene las zonas de circulación y cuartos técnicos, permitiendo así liberar el resto de la planta para crear grandes espacios diáfanos.

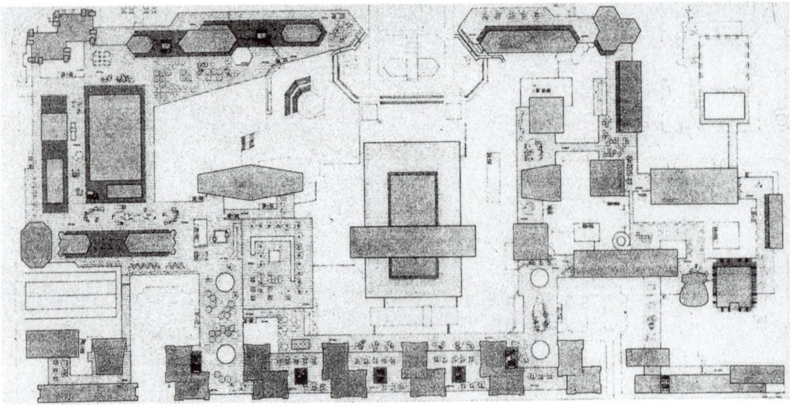

**Planta general, 1965**

### ≽ Edificio Castellana 79

078 D

Conjunto AZCA,
Paseo de la Castellana, 79
*Rafael de La-Hoz Castanys*
2007–2010

Este discreto edificio es el resultado de un proyecto de reforma de la antigua sede de AXA Seguros. Su rehabilitación supuso una magnífica oportunidad para responder a la ciudad en dos escalas diferentes, una escala urbana relativa a una de las vías de comunicación más importantes de la ciudad, y otra más doméstica, en relación a una plaza pública de destacado carácter peatonal. Con una superficie total de más de 20.000 m², el edificio cuenta con un gran local comercial y varios niveles de oficinas. El elemento más característico del proyecto es su nueva fachada, donde las piezas rectangulares de vidrio traslúcido configuran una especie de segunda piel, dando lugar a un destacado volumen en forma de tablero tridimensional que juega con las luces y sombras a lo largo del día.

**Torre BBVA**
**(Antiguo Banco de Bilbao)**
Conjunto AZCA,
Paseo de la Castellana, 81
*Francisco Javier Sáenz de Oíza*
1971–1981

079 D

Esta magnífica torre es la obra maestra de Francisco Javier Sáenz de Oíza, una de las figuras más destacadas de la arquitectura española del siglo XX. Es el resultado de un concurso convocado por el entonces Banco de Bilbao para construir su sede social en Madrid. Tomando como referencia proyectos como la torre de Johnson Wax, de Frank Lloyd Wright, o el edificio Knights of Columbus, de Kevin Roche, el arquitecto diseñó el nuevo emblema de la compañía haciendo frente a numerosos condicionantes técnicos. Situado sobre el túnel del ferrocarril, el edificio se eleva sobre dos núcleos huecos de hormigón que contienen en su interior las circulaciones e instalaciones. Estos grandes pilares sostienen plataformas de hormigón pretensado cada cinco alturas, sobre las que se levantan los pisos intermedios mediante estructura metálica. La envolvente, un muro cortina de acero corten con esquinas redondeadas, destaca por su llamativo color ocre, alejado de la frialdad propia de los edificios en altura.

**Palacio de Congresos de Madrid** 080 D

Paseo de la Castellana, 99
*Pablo Pintado Riba*
1964–1970

El Palacio de Congresos de Madrid, situado frente al Estadio Santiago Bernabéu en el Paseo de la Castellana, es un centro público perteneciente al Instituto de Turismo de España. Pablo Pintado Riba, galardonado con el Premio Nacional de Arquitectura en 1958, fue el ganador de un concurso al que se presentaron los arquitectos más representativos del momento. El éxito de su propuesta se debió a la idea de crear dos escenarios contiguos y opuestos que podían utilizarse de forma conjunta o independiente. El arquitecto proyectó tres volúmenes conectados entre sí cuya distribución giraba en torno a ambas salas de conferencias. En el pabellón principal se situaban los auditorios, mientras que los dos bloques anexos albergaban el restaurante, las salas de exposiciones, y la zona administrativa. En 1980 se instaló en su fachada principal un gran mural cerámico diseñado por el artista Joan Miró, que con más de 7.000 piezas y una superficie de casi 500 m², se convirtió en uno de los más grandes del mundo.

≈ **Basílica Hispanoamericana de Nuestra Señora de la Merced** 081 D

Calle del General Moscardó, 23
*Francisco Javier Sáenz de Oíza, Luis Laorga Gutiérrez*
1949–1965

El edificio de la Basílica Hispanoamericana de Nuestra Señora de la Merced fue el proyecto ganador en un concurso de ideas convocado en 1949 para la construcción de un templo en la zona del ensanche de la prolongación de la Castellana. Para entender por completo el contexto de su construcción, se han de tener en cuenta las dificultades económicas que condicionaron las obras, y que dieron lugar a múltiples modificaciones en el proyecto. Preservando siempre la herencia de la arquitectura colonial, los arquitectos, en su búsqueda hacia una nueva arquitectura religiosa española, adoptaron al mismo tiempo una solución contemporánea de base racionalista, acorde al urbanismo de su entorno. Con una planta convencional de cruz latina, en forma de nave central con capillas laterales, la basílica es un edificio exento que sorprende por su gran altura. Lejos de haberse cubierto con una imponente cúpula y bóvedas artesonadas, como estaba diseñado en la propuesta ganadora, se llevó a cabo una solución estructural tridimensional de acero, cuya ligereza agudiza aún más la austeridad y verticalidad del espacio.

≈» **Conjunto de viviendas y oficinas del Instituto de la Vivienda de Madrid (Antiguo MOPU)** 082 D

Calle de la Basílica, 23
*Julio Cano Lasso*
1966–1971

Este conocido bloque de viviendas, situado a dos calles del conjunto AZCA, destaca como obra esencial de la arquitectura española contemporánea de ladrillo. Con este proyecto de línea racionalista, Julio Cano Lasso, junto a los arquitectos Alejandro Blond González y Alfonso García Noreña, recuperó la tradición de los maestros Secundino de Zuazo Ugalde y Luis Gutiérrez Soto en el diseño de la manzana abierta como espacio urbano. El conjunto residencial, promovido por el entonces Ministerio de Obras Públicas y Urbanismo, dispone tres edificios en torno a un gran patio interior ajardinado que permite que todas las viviendas sean exteriores. Sensibilizado con la rigurosidad de la construcción tradicional y el respeto por materiales autóctonos como el ladrillo, el arquitecto ideó un esquema constructivo sencillo, en el que la acertada disposición de los volúmenes otorga equilibrio al potente conjunto.

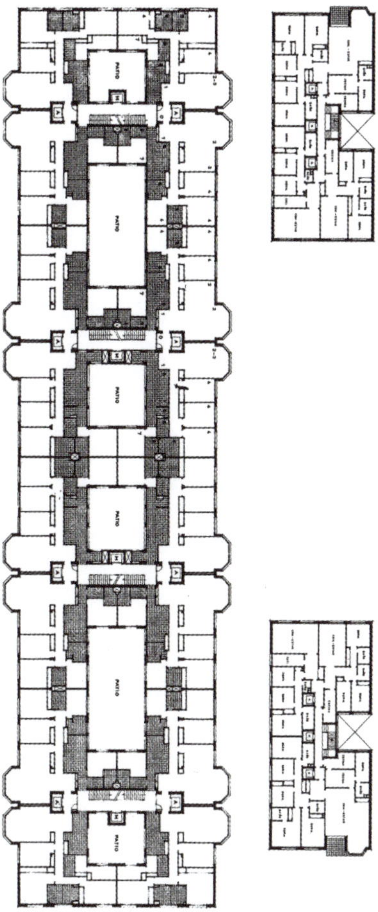

Planta, 1966

### ≽ Nuevos Ministerios

083 D

Paseo de la Castellana, 67
*Secundino de Zuazo Ugalde, Eduardo Torroja Miret*
1932–1936
*Guillermo Diz Flórez, José Gómez Mesa, José Rodríguez Cano, Miguel García-Lomas*
1940–1942

Este monumental conjunto arquitectónico se basó en el Proyecto de Prolongación de la Castellana que el mismo Secundino de Zuazo había presentado junto al urbanista alemán Hermann Jansen en 1929 para el fallido Concurso Internacional de Ordenación de Madrid. La propuesta, que expandía el eje principal de la ciudad hacia el norte, abarcaba, además de un enlace ferroviario subterráneo con la Estación de Atocha, la construcción de una nueva sede ministerial. Las obras, interrumpidas por la Guerra Civil, fueron finalizadas poco después por un nuevo equipo de arquitectos que, aun manteniendo el elegante diseño original, modificaron aspectos interesantes propuestos por Zuazo. El edificio alberga varios ministerios y dispone una serie de volúmenes frente a un gran patio central que conecta con la ciudad a través de una larga arquería paralela a la Castellana.

### » Pabellón de esquina de la Fundación Ortega y Gasset

084 D

Calle de Fortuny, 53
*Carlos Arniches Moltó*
1932–1933

Este pequeño edificio de esquina, que fue construido a principios de los años treinta para acoger la residencia de señoritas de la antigua Junta de Ampliación de Estudios, forma parte de un conjunto de edificaciones situadas en una gran manzana ajardinada próxima al Paseo de la Castellana. Este singular pabellón, declarado Bien de Interés Cultural en 1994, constituye un magnífico ejemplo de arquitectura racionalista madrileña. El edificio tiene forma de «L» y se organiza en cuatro niveles divididos en dormitorios, áreas de servicio y zonas comunes de estudio. Las habitaciones de las señoritas se diseñaron alineadas en las caras sur, este y oeste, mientras que la zona norte se reservó a la galería acristalada que ilumina todo el distribuidor interior. En el exterior, destaca la cubierta plana y los huecos de fachada, cuyos balcones semicirculares, de gran expresividad formal, recuerdan a la cubierta de un barco. El arquitecto, que también diseñó el mobiliario, empleó en este magnífico proyecto con gran rotundidad y sencillez los principios de la arquitectura moderna en España.

### » Edificio Abertis (Antiguo Edificio Allianz)

085 D

Paseo de la Castellana, 39
*Javier Carvajal Ferrer*
1978–1979

Este elegante edificio de oficinas se localiza frente al monumento a Emilio Castelar, en uno de los tramos más interesantes del Paseo de la Castellana. Durante su construcción, las complicadas condiciones urbanísticas del Plan de Remodelación del Paseo de la Castellana limitaron notablemente la edificabilidad del solar, lo que supuso un complicado reto para el arquitecto, quien se vio obligado a retranquear el edificio, dejando libre más de la mitad de la superficie de la parcela. Haciendo de la necesidad virtud, el ilustre arquitecto proyectó un escultural edificio de planta irregular, cuyo diseño se adaptaba con maestría a la normativa urbanística. La entrada principal divide el interior en dos áreas diferenciadas; en la parte más estrecha del edificio se sitúan los elementos de servicio, mientras que el espacio de mayor amplitud se reserva para la zona de oficinas. Esta tratamiento desigual de las estancias interiores se refleja también en la fachada, cuya alternancia entre muro cortina y hormigón enriquece la expresividad del edificio.

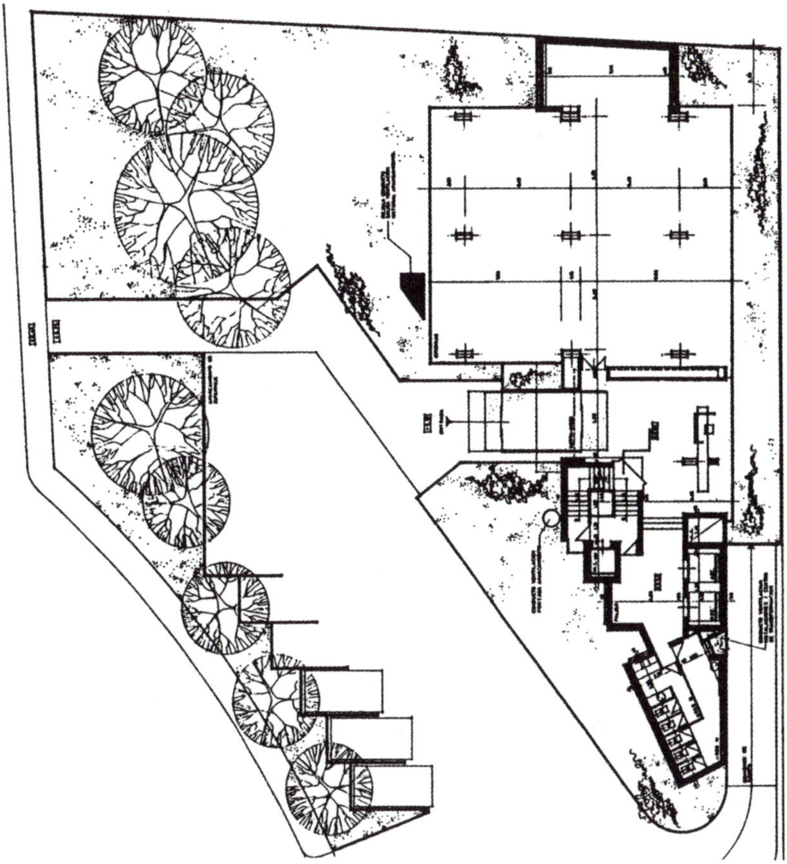

Archivo General de la Universidad de Navarra/207/Proyecto 284

Planta de acceso, 1978

### » Auditorio Rafael del Pino 086 D

Calle Rafael Calvo, 39A
*Rafael de La-Hoz Castanys*
2003–2008

La ampliación de la Fundación Rafael del Pino, ubicada a unos metros del Paseo de la Castellana, forma parte del proyecto de rehabilitación del antiguo palacete proyectado por el arquitecto José López Sallaberry en 1907. El nuevo edificio, que se eleva sobre el espacio que antiguamente ocupaba el jardín en la parcela, se proyectó como una transformación de la vieja trama vegetal en una nueva trama arbórea habitable. La planta de acceso, que se comunica con el antiguo palacete a través de un patio, alberga un gran auditorio, mientras que el resto de niveles se destinan a oficinas y espacios de reunión. La potente estructura exterior de acero, de fuerte impacto visual, abraza los dos lados longitudinales del edificio, permitiendo la ausencia de pilares en el interior y dando lugar a amplios espacios diáfanos. Gracias a la doble fachada de vidrio que envuelve todo el edificio, éste se convierte en un pabellón abierto y luminoso con vistas al exterior.

### » Sede central de la Mutua Madrileña (Antiguo Edificio La Unión y el Fénix) 087 D

Paseo de la Castellana, 33
*Luis Gutiérrez Soto*
1965–1971

Con el objetivo de adaptarse a los nuevos tiempos, la antigua compañía de seguros La Unión y el Fénix convocó un concurso de arquitectura para diseñar las nuevas oficinas de la empresa en la capital. Luis Gutiérrez Soto, cuya obra ya había evolucionado hacia los nuevos postulados de la arquitectura moderna, se enfrentó a este proyecto tratando el edificio como un inmenso pedestal, al estilo de los monumentales rascacielos norteamericanos. Este sirve de base para la escultura mitológica que corona el edificio y que corresponde al emblema de la compañía. Con una composición sobria pero sublime y una cuidadosa atención a los detalles, el arquitecto levantó este magnífico edificio negro en el Paseo de la Castellana. Los mayores aciertos del proyecto se encuentran en la solución técnica de las instalaciones y en la cuidadosa elección de unos materiales de máxima calidad.

### Edificio Bankinter

088 D

Calle del Marqués del Riscal, 13
*Rafael Moneo Vallés,*
*Ramón Bescós Domínguez*
1973–1976

El edificio Bankinter forma parte del proyecto de ampliación del antiguo palacete del Marqués de Santa Cruz de Mudela, diseñado por el arquitecto Lorenzo Álvarez Capra a finales del siglo XIX. El nuevo edificio, que se proyectó para albergar la sede de la institución bancaria, se eleva de forma magistral sobre el espacio que antiguamente ocupaba el jardín y actúa como elemento vertebrador en la nueva ordenación de la parcela. Rafael Moneo, siempre respetuoso por el contexto urbano, separó la nueva sede de las construcciones adyacentes mediante un potente muro de ladrillo de gran riqueza formal, recordando, en su forma de hacer ciudad, al Edificio de Sindicatos, de Francisco de Asís Cabrero y Rafael Aburto.

### » Embajada de la República Federal de Alemania

089 D

Calle de Fortuny, 8
*Willi Schoebel Ungria, Alexander von Branca, Máximo Bobran Orosel*
1966–1967

La Embajada de la República Federal de Alemania se sitúa sobre una amplia parcela arbolada del Paseo de la Castellana, en una de las zonas más nobles y vistosas de la capital. El conjunto, con una superficie edificada de aproximadamente 2.000 $m^2$ sobre un amplio jardín, se estructura en dos edificios independientes, uno que alberga la residencia del embajador, y otro destinado a las oficinas, despachos y viviendas de la misión diplomática. La residencia, cuya sencilla envolvente de granito recuerda a los antiguos palacetes de la zona, se organiza alrededor de un gran patio ajardinado en dos alturas. La cancillería, con su entrada orientada a la calle Fortuny, se trata de un bloque rectangular de cuatro alturas que destaca principalmente por la elegancia de sus dos fachadas longitudinales; la principal, acentuada por el ritmo de la estructura metálica vista, y la posterior que mira al jardín, elaborada con una trabajada celosía de material cerámico.

### » Edificio de viviendas

090 D

Calle del Marqués del Riscal, 4
*Javier Carvajal Ferrer*
1966–1968

Este pequeño bloque de viviendas, situado en la misma calle que el antiguo frontón Beti-Jai de Madrid, se levanta de forma escultórica sobre un solar de esquina de planta trapezoidal. El proyecto, en el que se libera un pequeño patio interior en la parte trasera de la parcela, organiza las viviendas en torno a dos núcleos de comunicación independientes que dan acceso a seis apartamentos distintos por planta. El material protagonista en todo el edificio es, sin duda, el hormigón. El arquitecto, cuya obra se caracteriza por su gran calidad constructiva en el tratamiento de este material, además de utilizarlo como elemento estructural lo emplea en toda la envolvente, dejándolo visto tras una cuidadosa ejecución de los encofrados. La alternancia de huecos y macizos en forma de terrazas y jardineras, se combina con el retranqueo de piezas en la esquina achaflanada del edificio. El resultado da lugar a una atractiva fachada que, aprovechando el pequeño desnivel existente de la calle, genera una elegante composición volumétrica de gran expresividad formal.

**Planta tipo, 1966**

## ≈ Ampliación de la Embajada de Suecia

091 D

Calle de Caracas, 25
*Magnus Ahlgren, Torbjörn Olsson, Sven Silow, Luis Blanco Soler*
1960–1963

Este interesante proyecto realizado para la Embajada de Suecia, ubicada en una de las zonas más distinguidas del Paseo de la Castellana, forma parte de la rehabilitación del antiguo palacete proyectado por el maestro de obras Luis María Castiñeira Cantanero a finales del siglo XIX. A principios de los años sesenta, la creciente expansión de la representación exterior sueca obligó a la embajada a ampliar sus servicios en un nuevo edificio de carácter racionalista. La flamante construcción, que se mantiene exenta sobre el espacio que antaño ocupaban las caballerizas en el extremo de la parcela, fue diseñada por los arquitectos suecos Magnus Ahlgren, Torbjörn Olsson y Sven Silow, en colaboración con Luis Blanco Soler como director asociado en la ejecución de las obras. El pabellón, un sencillo volumen rectangular con una sugerente esquina achaflanada en planta baja, se vuelca hacia el patio interior de la vivienda, cerrándose hacia el exterior mediante muros ciegos. Estas fachadas de ladrillo visto, de gran elegancia, destacan por un cuidadoso tratamiento en la ejecución de sus aparejos.

## » Ampliación de la Fundación Francisco Giner de los Ríos (Antigua sede de la Institución Libre de Enseñanza)

092 D

Paseo del General Martínez Campos, 14
*Cristina Díaz Moreno, Efrén García Grinda*
2004–2014

En 2004, la Fundación Francisco Giner de los Ríos decidió llevar a cabo la ampliación de su antigua sede con el objetivo de recuperar su ilustre posición en cuanto a actividades culturales y educativas. El proyecto, con el que se han rehabilitado los edificios históricos de la parcela, recupera el jardín como centro neurálgico de la antigua Institución Libre de Enseñanza. Alrededor de este espacio se dispone el nuevo edificio, con un conjunto de pabellones a modo de aulario que llama la atención por su compleja volumetría y su vistosa fachada de acero.

## » Casa de las Flores

093 D

Calle Hilarión Eslava, 2
*Secundino de Zuazo Ugalde*
1930–1932

Este magnífico edificio de viviendas, declarado en 1981 Bien de Interés Cultural en la categoría de monumento histórico, es uno de las construcciones más representativas de la modernidad racionalista de los años treinta. El proyecto supuso un paradigma en la nueva concepción arquitectónica de la ciudad y es una alternativa tipológica al plan urbanístico del ensanche de Madrid, diseñado por Carlos María de Castro a mediados del siglo XIX. Secundino de Zuazo Ugalde, uno de los grandes arquitectos y urbanistas del siglo XX, propuso un nuevo concepto de manzana abierta, en la que dos bloques paralelos acotaban un patio interior que actuaba como una calle más de la ciudad. Este espacio ajardinado recuerda a conjuntos de viviendas comunales europeas, como el Karl-Marx-Hof de Viena, y permite que todas las viviendas sean exteriores. La utilización del ladrillo visto en la fachada, influencia indudable de la arquitectura holandesa del momento, aporta sobriedad y nitidez al conjunto.

**Teatros del Canal**
Calle de Cea Bermúdez, 1
*Juan Navarro Baldeweg*
2000–2009

094 D

Este complejo fue el ganador del Premio Arquitectura de la X Bienal Española en 2009, y se construyó con el objetivo de solucionar la ausencia en Madrid de un centro de artes escénicas que fuese capaz de acoger desde los más sencillos montajes hasta las más complejas producciones artísticas. Con más de 35.000 m², este complejo se estructura en tres volúmenes independientes que agrupan dos grandes teatros, una sala de ensayo de pequeño formato y un centro coreográfico. Mientras que el espacio principal cuenta con una configuración tradicional que sigue el modelo de teatro clásico, la otra sala dispone de un escenario polivalente que admite varias composiciones a través de suelos y techos técnicos. Además de la elegante rampa de hormigón ubicada en la escuela de danza, el elemento más característico del proyecto es la fachada frontal suspendida, resuelta mediante un doble muro cortina de vidrio lacado al interior en los tres colores típicos de los telones del teatro.

©Teatros del Canal

0
1 km
FUENCARRAL-EL PARDO
103
102
Real Club
Puerta de Hierro
A-6
M-30
Calle de la Princesa
MONCLOA-ARAVACA
Río Manzanares
M-30
121
122
123
124
Paseo de Extremadura
125

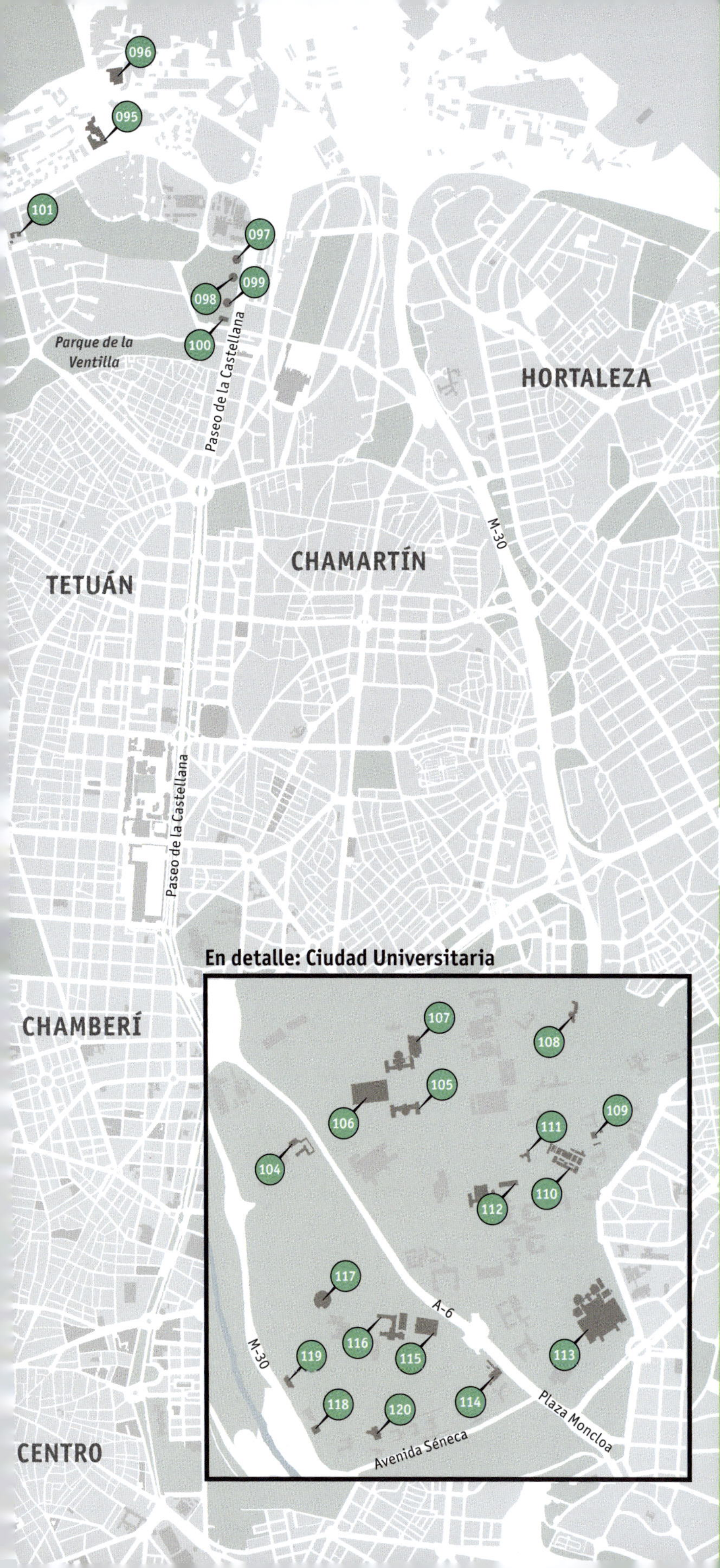
096
095
101
097
099
098
100
Parque de la Ventilla
Paseo de la Castellana
HORTALEZA
M-30
CHAMARTÍN
TETUÁN
Paseo de la Castellana
En detalle: Ciudad Universitaria
CHAMBERÍ
107
108
105
106
109
111
104
110
112
117
A-6
M-30
116
115
119
113
118
120
114
Plaza Moncloa
Avenida Séneca
CENTRO

**Biblioteca Pública Rafael Alberti**

095 E

Calle Sangenjo, 38
*Andrés Perea Ortega*
1991–1998

Esta biblioteca, ubicada en un barrio residencial del norte de la ciudad, fue galardonada en 1998 con el Premio de Urbanismo, Arquitectura y Obra Pública del Ayuntamiento de Madrid. El proyecto, ubicado en un solar con una fuerte pendiente, fue concebido como un prisma trapezoidal que da la espalda a su entorno y se vuelca al interior. El edificio, con 3.400 $m^2$ distribuidos en salas de lectura, depósitos y aparcamiento, organiza el espacio en torno a un pequeño patio acristalado donde desemboca una gran cubierta inclinada a cuatro aguas. Toda la envolvente está construida en hormigón, salvo el muro cortina de la fachada principal, el patio y las claraboyas, que permiten la entrada de luz en el interior.

**Central Lechera Clesa** 096 E

Avenida del Cardenal Herrera Oria, 67

*Alejandro de la Sota Martínez, Fernando Lapayese del Río*

1958–1966

Este polémico edificio, que se construyó en los años sesenta como fábrica de productos lácteos para la Central Lechera Clesa, es uno de los proyectos más emblemáticos de la arquitectura industrial madrileña del siglo XX. El conjunto, que está emplazado en un polígono industrial de la antigua carretera de Fuencarral, se proyectó como una suma de volúmenes independientes que se adaptaban a las distintas necesidades del proceso productivo de la fábrica. Además de la nave principal destinada a la elaboración y almacenamiento de productos, el programa contaba también con espacios anexos para la zona administrativa, laboratorios de control y un área destinada a los trabajadores. Con respecto a la estructura, se trata de una de las primeras obras en España construidas con vigas de hormigón pretensado, desde donde parten los grandes lucernarios de silueta quebrada que le otorgan el gran protagonismo a la cubierta. Actualmente, tras unos años de incertidumbre en los que se planteó en varias ocasiones su derribo, el conjunto se mantiene a la espera de una rehabilitación que le prepare para un nuevo uso.

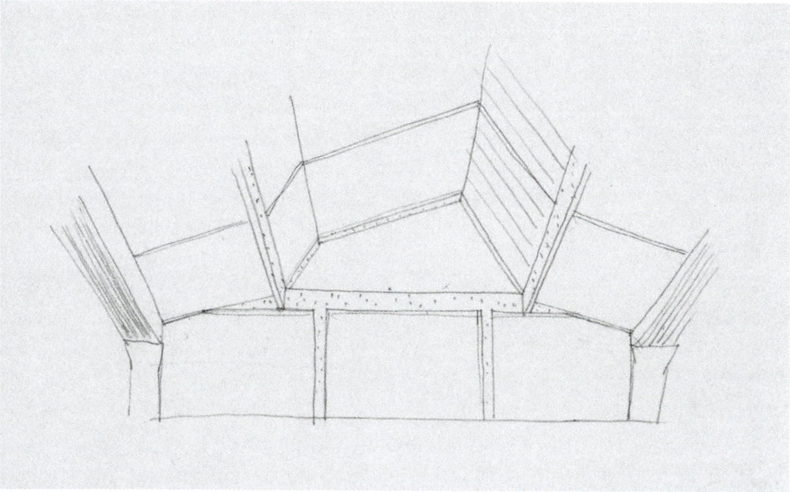

**Boceto original del arquitecto**

## Torre Espacio

097 E

Paseo de la Castellana, 259D
*Pei Cobb Freed & Partners*
2001–2008

La Torre Espacio está situada al norte del Paseo de la Castellana, en el nuevo centro financiero conocido como Cuatro Torres Business Area, y es obra de la colaboración entre el prestigioso estudio neoyorquino Pei Cobb Freed & Partners —autores de la magnífica ampliación del Museo del Louvre de París a finales de los años ochenta— y los españoles Fenwick Iribarren Architects. Este elegante edificio de oficinas se alza como una gran escultura en el nuevo paisaje de la capital. Con 57 niveles articulados en torno a un núcleo central estructural, el espacio inicial cuadrangular del vestíbulo se va estrechando a lo largo de sus 230 m de altura, hasta transformarse en una planta de forma ahusada. De igual modo, la estructura, realizada con pilares circulares de hormigón armado, se va ajustando según crece la curva que forma la impresionante fachada de muro cortina.

## Torre de Cristal

098 E

Paseo de la Castellana, 259C
*Pelli Clarke Pelli Architects*
2002–2010

La Torre de Cristal, que está situada entre la Torre Espacio y la Torre PwC, fue proyectada por el estudio internacional Pelli Clarke Pelli Architects en colaboración con Ortiz León Arquitectos como empresa asociada en España para la ejecución de las obras. Con una fachada cristalina en forma de diamante, es uno de los rascacielos más elegantes del complejo. El edificio, de casi 250 m, cuenta con una estructura de pilares perimetrales, distribuidos en torno a un núcleo central de hormigón que alberga, además de los elementos de comunicación, aseos y cuartos de instalaciones, lo que permite crear un espacio diáfano en toda la planta. La cubierta, de estructura metálica, cuenta en su interior con un espectacular jardín vertical de 40 m de altura diseñado por el botánico francés Patrick Blanc, autor a su vez de la pared vegetal del CaixaForum de Madrid.

## Torre PwC

099 E

Paseo de la Castellana, 259B
*Carlos Rubio Carvajal ,*
*Enrique Álvarez-Sala Walther*
2005–2008

La Torre PwC, la única del complejo financiero proyectada en exclusiva por arquitectos españoles, destaca entre el resto por la precisión de su volumen. Con una altura de más de 230 m, la flexibilidad en el diseño de su planta, con forma de triángulo equilátero de lado curvo, permite albergar en el mismo edificio un hotel de lujo, un centro de congresos y varias plantas de oficinas. Unas grandes hendiduras verticales dividen la torre en tres partes, haciéndola más esbelta y permitiendo mayor entrada de luz. La estructura está formada por pilares y un núcleo central de hormigón armado, en cuyo interior se sitúan los ascensores, aseos e instalaciones. La envolvente, con un característico color negro, se compone de una doble fachada formada por una piel interior que se adapta a los diferentes espacios y una exterior de vidrio y aluminio.

## Torre Cepsa

100 E

Paseo de la Castellana, 259A
*Foster + Partners*
2002–2009

La Torre Cepsa, que fue galardonada en 2008 con el Premio a la Mejor Gran Estructura por la Asociación de Ingenieros Estructurales de Illinois, ha sido proyectada por el prestigioso estudio Foster+Partners en colaboración con Gonzalo Martínez-Pita como arquitecto asociado. Con una altura de 250 m, su diseño recuerda a anteriores proyectos del británico, como la sede del Banco HSBC en Hong Kong. El edificio se eleva sobre dos núcleos laterales de hormigón que, unidos en la parte superior a modo de arco, sostienen tres grandes subestructuras metálicas sobre las que apoyan los forjados de las plantas de oficinas. De esta forma, el acceso actúa como espacio de transición desde la calle al ser un espacio diáfano. El cerramiento está formado por fachada acristalada en el cuerpo principal y revestimiento de placas de acero inoxidable en los núcleos estructurales.

## Edificio de oficinas BBVA (Antiguo Centro de Cálculo de la Caja Postal de Ahorros)

101 E

Avenida de Monforte de Lemos, 28
*Alejandro de la Sota Martínez, Juan Capella Callis*
1973–1977

Este edificio de oficinas, probablemente uno de los proyectos más desconocidos del arquitecto español Alejandro de la Sota Martínez, fue construido en su momento para albergar las instalaciones del antiguo Centro de Cálculo de la Caja Postal de Ahorros. Se proyectó teniendo en cuenta unas exigentes necesidades de seguridad, por lo que se aprovechó la configuración natural del terreno para construir la mayor parte de su volumen bajo rasante: el tercer sótano está dedicado a estacionamiento e instalaciones, el segundo contiene los ordenadores. Quedan únicamente a la vista dos sencillos volúmenes de oficinas, aparentemente independientes entre sí, y un edificio exento que contenía una oficina de la Caja Postal. La estructura, formada por pórticos de pilares metálicos y vigas alveolares, se organiza en base a una retícula modular de 7 × 7 m, al igual que la fachada, cuyo cerramiento metálico de doble chapa le otorga una destacada elegancia al complejo.

## Casa Huarte

102 E

Calle Turégano, 1
*José Antonio Corrales Gutiérrez, Ramón Vázquez Molezún*
1965–1967

Esta emblemática vivienda unifamiliar, considerada paradigma de la arquitectura moderna española, se ubica en una de las urbanizaciones más exclusivas de la ciudad. Los arquitectos, pertenecientes a la generación de maestros nacidos en las primeras décadas del siglo XX, aportaron en este proyecto nuevos planteamientos formales alejados de los modelos de arquitectura racionalista establecidos hasta entonces. La vivienda, que se extiende a lo largo de toda la parcela, organiza las estancias en torno a tres grandes patios que actúan como zonas de esparcimiento, permitiendo la entrada de luz natural en el interior a través de los grandes ventanales del jardín. El espacio permite una circulación fluida entre las habitaciones, que pueden unirse mediante prácticas puertas correderas. En una búsqueda por adecuar las técnicas y materiales tradicionales a nuevas propuestas arquitectónicas, los arquitectos combinaron prácticas modernas con materiales tradicionales propios de la arquitectura vernácula, como el ladrillo y la teja en las cubiertas inclinadas, cuyas potentes geometrías dominan todo el conjunto.

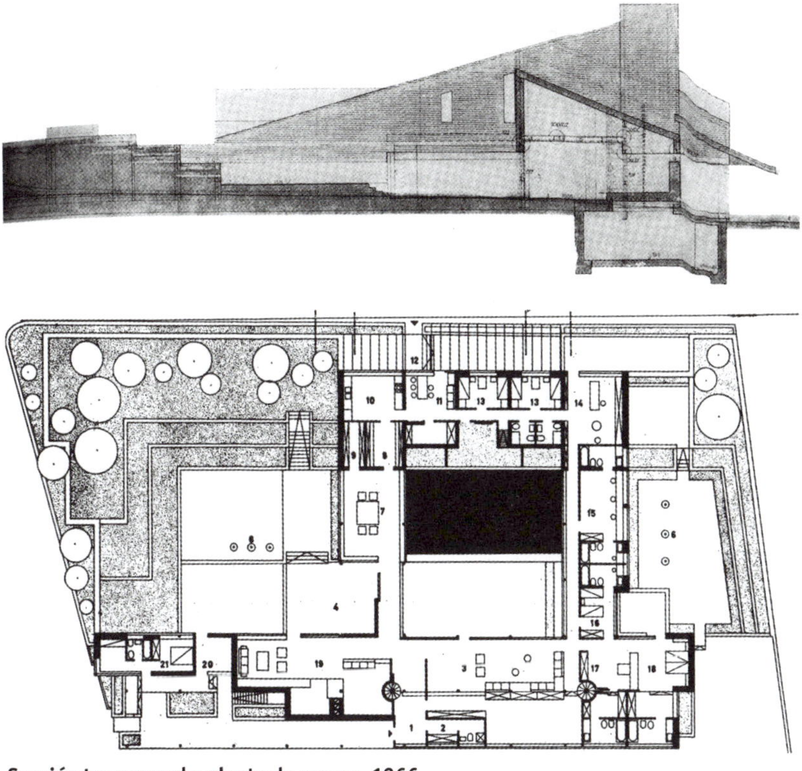

Servicio Histórico, Fundación Arquitectura COAM

**Sección transversal y planta de acceso, 1966**

## Hipódromo de la Zarzuela

103 E

Avenida Padre Huidobro, s/n
*Carlos Arniches Moltó,*
*Martín Domínguez Esteban,*
*Eduardo Torroja Miret*
1934–1936, 1940–1941

Esta joya arquitectónica, declarada Bien de Interés Cultural, fue considerada un emblema de modernidad en la transición de los años treinta hacia el racionalismo europeo. Tras paralizar las obras en 1936 como consecuencia de la Guerra Civil, en 1940 comenzó la reconstrucción de las instalaciones que habían quedado destruidas. Con independencia de su excelente resolución formal, el proyecto significó un importante avance estructural. Destaca la interesante cubierta de las tribunas, construida con bóvedas laminares de hormigón armado, que con sólo 5 cm de espesor en sus extremos y un voladizo de casi 13 m, se ha convertido en una de las obras maestras de la arquitectura del siglo XX. Bajo estas marquesinas se encuentra el graderío de los espectadores, también de hormigón armado y al que se accede a través de la galería abovedada de la entrada. Completan el conjunto las cuadras y las pistas, así como una serie de construcciones auxiliares, entre las que cabe destacar el depósito de agua, construido con ladrillos reforzados y con perfil de paraboloide hiperbólico.

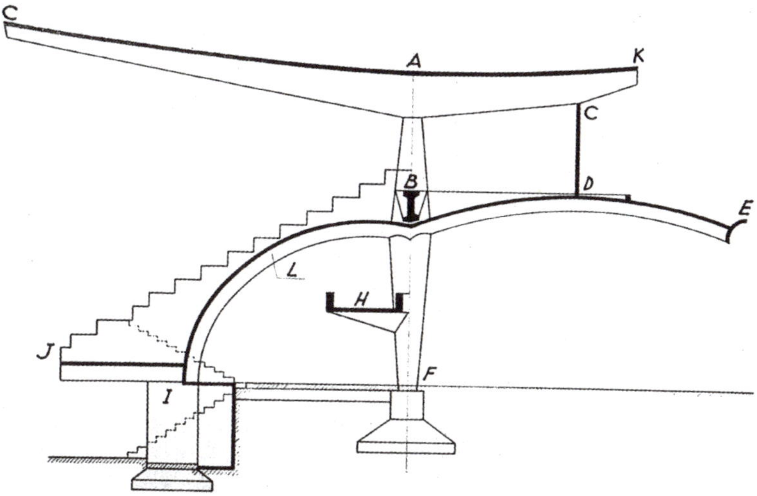


**Sección transversal, 1934**

### » Facultad de Estadística (Antiguo Centro de Formación del Profesorado de Enseñanzas Media y Profesional)

104 E

Avenida Puerta de Hierro
*Miguel Fisac Serna*
1952–1957

Este conjunto de edificios, destinado en su origen a la formación del profesorado universitario, se encuentra situado muy cerca de la Casa de Campo, a un lado del río Manzanares. Aprovechando la amplitud del solar, el arquitecto proyectó un centro de enseñanza en extensión horizontal, diseñando generosos patios y espacios ajardinados que habrían de facilitar la relación entre los usuarios. Basándose en los usos diferenciados del programa, el espacio se organiza en tres construcciones independientes, destinadas en un inicio a albergar un área administrativa, aulas y dos salas de laboratorios. Estos pabellones están conectados a través de una preciosa galería porticada, cuya silueta ligera y ondulante contrasta con los macizos de ladrillo y vidrio de las edificaciones. Esta esbelta estructura de hormigón, con pilares lobulados de mínima sección en la base, que se funden con finas láminas en la parte superior, supone el origen de la arquitectura de Fisac de las próximas décadas, pues parte de la idea de investigar sobre las posibilidades expresivas de este material.

### » Facultad de Filología y Filosofía

105 E

Plaza de Menéndez Pelayo, s/n
*Agustín Aguirre López*
1931–1936, 1941–1942

Ubicada al noroeste de la ciudad, fue la primera facultad del campus de la Universidad Complutense de Madrid. Durante el proceso de diseño, el arquitecto, miembro de la generación que inició el racionalismo en España, llevó a cabo con éxito las ideas del decano de la facultad, para quien el nuevo edificio debía expresar sus propias ambiciones intelectuales y educativas: «... la universidad tiene que salir de la claustrofobia de las viejas aulas oscuras, de la enseñanza anclada en los monólogos de catedráticos y de los exámenes aprendidos de memoria». Tanto el movimiento racionalista como el espíritu de la modernidad arquitectónica republicana dieron lugar a este primer proyecto del recinto universitario. La planta del edificio se inspira en el Museo del Prado, de Juan de Villanueva, con un núcleo central sobre un bloque longitudinal y dos pabellones laterales. El cuerpo principal, con la fachada con forma semicilíndrica, contiene los servicios comunes, como la cafetería y el auditorio. En su alzado, esta construcción con estructura de hormigón y acero, se materializa en grandes ventanales con una composición de bandas horizontales entre trazas de ladrillo visto.

**» Ampliación de la Plaza de Menéndez Pelayo**

106 E

Calle del Profesor Aranguren, 2
*Javier Sáenz Guerra,*
*Zacarías González Jimeno*
2006–2007

La Plaza Menéndez Pelayo se sitúa entre la Facultad de Derecho y la Facultad de Filología y Filosofía de la Universidad Complutense, ubicadas en el campus de Letras y Humanidades de la Ciudad Universitaria. El proyecto de ampliación, que se enmarca dentro del Plan Especial de la Ciudad Universitaria aprobado en el año 2000, se extiende hacia la cornisa oeste, integrando así la Facultad de Geografía e Historia en el conjunto. El nuevo espacio, decorado con casi 3.000 m² de plantas aromáticas, cuenta con un gran edificio bajo rasante que, además de comunicar las facultades anteriormente mencionadas, acoge una biblioteca de 6.000 m² y 300 plazas de aparcamiento. Mediante esta intervención, las dos plazas, separadas por un gran desnivel de 10 m, se conectan a través de varias escalinatas y un ascensor integrado en un atractivo mirador con vistas hacia la Casa de Campo.

**Biblioteca de la Facultad de Derecho**

107 E

Avenida Complutense, 9

*Javier Carvajal Ferrer*

1969–1971

La Biblioteca de la Facultad de Derecho de la Universidad Complutense, situada en uno de los laterales que cierra el conocido campus de Letras y Humanidades de la Ciudad Universitaria madrileña, se construyó como ampliación de las instalaciones del antiguo edificio proyectado por el arquitecto Agustín Aguirre López a finales de la década de los cuarenta. Adosado a uno de los dos pabellones extremos de la facultad, el nuevo edificio se proyectó según el lenguaje racionalista propio del arquitecto Javier Carvajal Ferrer, quien introdujo a su vez en el tratamiento de los acabados una estética más expresiva vinculada a referencias coetáneas cercanas, como las Facultades de Ciencias Geológicas y Biológicas. Con una organización espacial estructurada en torno a tres patios interiores, el volumen prismático de la Biblioteca está formado por dos grandes bloques de ladrillo paralelos entre sí, uno de cuerpo bajo, destinado a la zona de estudio, y otro de mayor altura, ocupado por aulas y despachos. Destaca especialmente la expresividad de la fachada oeste, cuya doble piel de lamas móviles contrasta con la sobriedad del ladrillo, presente en toda la envolvente.

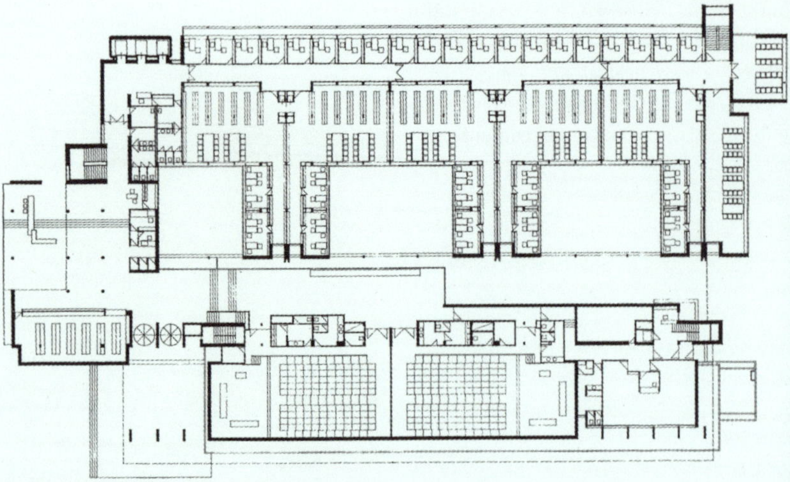

**Planta de acceso, 1969**

**≈ Colegio Mayor Santo Tomás de Aquino** 108 E

Calle Leonardo Prieto Castro, 6
*José María García de Paredes, Rafael de La-Hoz Arderius*
1953–1957

Esta famosa residencia de estudiantes, que obtuvo el Premio Nacional de Arquitectura en 1956, se encuentra situada en la Ciudad Universitaria de Madrid. Perteneciente a la orden de predicadores, cuenta con una capilla, un club universitario y amplias zonas deportivas. La pronunciada topografía de la parcela obligó a los arquitectos a proyectar las diferentes piezas del programa de forma escalonada. Con el propósito de ambientar un adecuado espíritu de convivencia, el objetivo del proyecto consistió en crear grandes espacios diáfanos combinados con zonas recogidas de estudio. Dentro del conjunto, el edificio del colegio mayor ocupa un bloque dentado en el que las zonas comunes se sitúan en las plantas de acceso, mientras que el núcleo de habitaciones se levanta sobre la parcela buscando la mejor orientación. Las fachadas, con largos balcones corridos en las habitaciones, favorecen la integración del proyecto en el paisaje. La capilla destaca por su ingeniosa solución constructiva en el diseño de sus vidrieras, realizadas con sencillos muros de ladrillo combinados con pavés de cristal coloreado.

**≈ Colegio Mayor César Carlos** 109 E

Calle Don Ramón Menéndez Pidal, 3
*Alejandro de la Sota Martínez, José Antonio López Candeira*
1967–1970

Este llamativo edificio se proyectó con la idea de albergar dos programas bien diferenciados que respondieran a la doble necesidad de un colegio mayor: por un lado servir de vivienda para los estudiantes y por otro ofrecer espacios de estudio, relación social y descanso. Con una sorprendente solución, los arquitectos organizaron el conjunto en dos edificios exentos unidos por un pasillo subterráneo que facilita el uso independiente de las estancias. El bloque residencial, que cuenta con un gimnasio y una pequeña biblioteca, se levanta a modo de torre sobre la parcela; mientras que el edificio principal, que se extiende de forma horizontal, desarrolla una escala más doméstica, rodeada de pequeños patios ajardinados. Este carácter antagónico de ambos edificios queda resuelto a través del tratamiento común de los materiales en las fachadas, cuya austeridad en el uso del ladrillo visto y las carpinterías responde a una constante búsqueda de la pureza en el diseño constructivo.

## » Ampliación del Centro Nacional de Investigaciones Metalúrgicas, CENIM

110 E

Avenida de Gregorio del Amo, 8
*Alejandro de la Sota Martínez*
1961–1963

En la década de los sesenta, el Centro Nacional de Investigaciones Metalúrgicas encargó al insigne arquitecto la ampliación de sus instalaciones situadas en la Ciudad Universitaria de Madrid con el objetivo de convertir la institución en un centro puntero en la investigación, experimentación y fabricación de los metales. El proyecto, que sirvió para complementar a una anterior nave de experimentación cuya cubierta había sido diseñada por el famoso ingeniero Eduardo Torroja, consistió en la creación de cuatro nuevos pabellones de estudio y un edificio destinado a comedor y zonas comunes. Cada uno de estos edificios se organiza en dos volúmenes bien diferenciados, por un lado, una zona de oficinas, donde se sitúan los laboratorios y despachos en altura, y por otro, un espacioso taller de ensayo. Junto con la cubierta en diente de sierra que ilumina el interior de las naves, destaca el singular revestimiento de ladrillo en combinación con la estructura metálica vista en la fachada, que pone de manifiesto la influencia de la obra del arquitecto Mies van der Rohe.

## » Central Térmica de la Ciudad Universitaria

111 E

Avenida de Gregorio del Amo s/n
*Manuel Sánchez Arcas, Eduardo Torroja Miret*
1932–1935, 1941–1943

La Central Térmica de la Ciudad Universitaria, declarada Bien de Interés Cultural en 1977 en la categoría de Monumento Histórico, es una de las construcciones más representativas de la modernidad racionalista de los años treinta. El proyecto, que recibió el Premio Nacional de Arquitectura en 1932, fue construido con el fin de acoger las instalaciones encargadas de suministrar calefacción a las facultades que se iban a construir alrededor. El edificio fue destruido casi en su totalidad durante la Guerra Civil, siendo reconstruido poco después por el propio Eduardo Torroja. La volumetría original, que posteriormente sufrió varias modificaciones, estaba formada por dos sencillos bloques prismáticos con una estructura perimetral de hormigón, lo que permitía disponer de grandes espacios diáfanos para las calderas. El conjunto, que incluía una oficina, un taller y varios espacios de almacén, destaca por la austeridad de la fachada, en la que el sobrio tratamiento de los muros de ladrillo responde a la búsqueda constante de la funcionalidad en el diseño constructivo.

**Vista de la central en los años treinta**

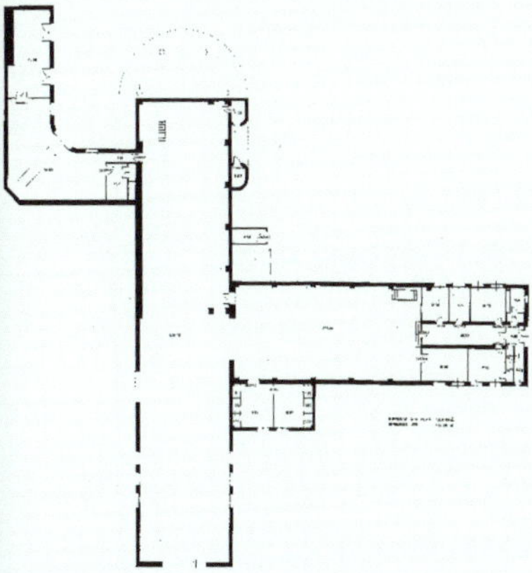

**Planta general de la central térmica**

### ≽ Ampliación de la Facultad de Farmacia

112 E

Plaza de Ramón y Cajal, s/n
*Javier Fresneda Puerto, Javier Sanjuán Calle*
2001–2005

El proyecto, separado unos metros del antiguo edificio, corresponde a un sencillo volumen que se implanta en la parcela liberando un gran vacío bajo rasante a modo de jardín botánico. Sobre él se levanta un bosque de pilares de acero que sostiene la pieza principal, cuya fachada acristalada refleja el entorno vegetal y parece así desvanecerse.

## » Hospital Universitario Clínico de San Carlos

113 E

Calle del Profesor Martín Lagos, s/n
*Manuel Sánchez Arcas,*
*Eduardo Torroja Miret*
1928–1936
*Miguel de los Santos Nicolás,*
*Pascual Bravo Sanfeliú,*
*Agustín Aguirre López*
1941–1959

Este emblemático complejo hospitalario, que ocupa una manzana cercana a la Facultad de Medicina de la Universidad Complutense, fue diseñado según las corrientes racionalistas del Movimiento Moderno en Europa. El edificio sufrió graves desperfectos durante la Guerra Civil, y fue reconstruido años después por un nuevo equipo que, aun manteniendo las directrices marcadas por el arquitecto, modificó aspectos interesantes del diseño. Con una compleja volumetría de vastas proporciones, el hospital se organiza alrededor de un patio central, limitado por cuatro volúmenes a los que se adosan varios bloques de forma perpendicular. Construido sobre una retícula de pilares de hormigón, el conjunto muestra una sobria fachada de ladrillo, en la que únicamente destacan las terrazas en voladizo de las habitaciones.

## » Colegio Mayor Casa do Brasil

114 E

Avenida del Arco de la Victoria, 3
*Luis Afonso d'Escragnolle Filho*
1959–1962

El Colegio Mayor Casa do Brasil, situado en la Ciudad Universitaria frente al edificio que acoge el rectorado de la Universidad Complutense de Madrid, surgió como una iniciativa cultural llevada a cabo a finales de la década de los cincuenta por el Gobierno de Brasil, que vio en su construcción una buena oportunidad para atender las necesidades de los estudiantes brasileños que ampliaban sus estudios universitarios en la ciudad. El proyecto fue realizado por el arquitecto brasileño Luis Afonso d'Escragnolle Filho, que contó con la colaboración de su colega español Fernando Moreno Barberá en la definición de los detalles constructivos y en la dirección de obra. El conjunto residencial, que recuerda a la arquitectura realizada por Oscar Niemeyer, Lúcio Costa y Le Corbusier en Brasil, está formado por sencillos volúmenes de hormigón unidos entre sí a través de espacios auxiliares de circulación y pequeños patios ajardinados. Llama la atención el cuidadoso trabajo de las fachadas, cuyo tratamiento fue diferente en función de su uso y orientación.

### » Museo del Traje

115 E

Avenida de Juan de Herrera, 2
*Jaime López de Asiaín Martín, Ángel Díaz Domínguez*
1969–1975

El edificio del Museo del Traje, que fue galardonado con el Premio Nacional de Arquitectura en 1969, se sitúa en una de las avenidas principales de la Ciudad Universitaria. Los arquitectos, que diseñaron el proyecto teniendo en cuenta las especificaciones del Congreso de Arquitectura de Museos, celebrado en México en 1968, quisieron potenciar la creación de espacios adaptables a diferentes configuraciones expositivas. El edificio, que originariamente fue construido como sede del Museo Español de Arte Contemporáneo, se planteó como una gran pieza horizontal levantada sobre finos pilares metálicos que permiten modular el espacio de la sala principal y liberar la planta de acceso. Desde la plaza, que funciona como museo al aire libre, se accede al edificio a través de un patio interior del que parte una escalinata. Sobre uno de los laterales se levanta una pequeña torre con oficinas, departamentos de investigación y talleres. La envolvente destaca por su color negro, alternando muro cortina con chapa metálica.

## » Escuela Técnica Superior de Arquitectura

116 E

Avenida Juan de Herrera, 4
*Pascual Bravo Sanfeliú*
1933–1936, 1941–1943

El edificio de la ETSAM fue uno de los primeros proyectos realizados tras la creación de la Ciudad Universitaria, cuyo fin urbanístico consistía en agrupar en un mismo campus diversas facultades que hasta entonces habían permanecido dispersas por la ciudad. El edificio, que sufrió grandes desperfectos durante la Guerra Civil, fue reconstruido por el mismo arquitecto poco después de finalizar el conflicto. En su restauración, la sencilla fachada de ladrillo visto fue revestida de piedra, perdiendo así su aspecto original. Construida en hormigón armado, la escuela, planteada según un esquema de usos en diferentes bloques, se desarrolla sobre una planta asimétrica en la que priman los espacios amplios y diáfanos. El cuerpo principal, con una monumental entrada, alberga las dependencias dedicadas a secretaría, biblioteca y sala de conferencias, mientras que en el volumen en forma de «L» se sitúan las aulas y talleres de proyectos. En los años setenta, la escuela amplió sus instalaciones con un nuevo pabellón que hoy contiene la zona administrativa y cafetería.

## » Instituto del Patrimonio Cultural de España

117 E

Calle Pintor el Greco, 4
*Fernando Higueras Díaz, Antonio Miró Valverde*
1964–1988

La sede del Instituto del Patrimonio Cultural de España, declarada en 2001 Bien de Interés Cultural en la categoría de monumento, es sin duda una de las obras más relevantes de la arquitectura española contemporánea. El edificio se diseñó según el esquema circular del anteproyecto para el Centro Nacional de Restauraciones Artísticas que había realizado el mismo Fernando Higueras junto a Rafael Moneo y Luis Roig, y con el que ganaron el Premio Nacional de Arquitectura en 1961. El proyecto se inscribe sobre una planta circular de 40 m de radio, distribuida en cuatro alturas que, atravesadas por varios patios ajardinados, se articulan en torno a una luminosa plaza porticada. La circulación se resuelve mediante dos núcleos verticales y dos anillos concéntricos que rodean todas las estancias. La hermosa estructura de hormigón, encuadrada en un lenguaje expresionista, es la protagonista de todo el espacio, adquiriendo mayor presencia en la fachada, donde destacan sus voladizos y la cubierta con puntiagudas claraboyas.

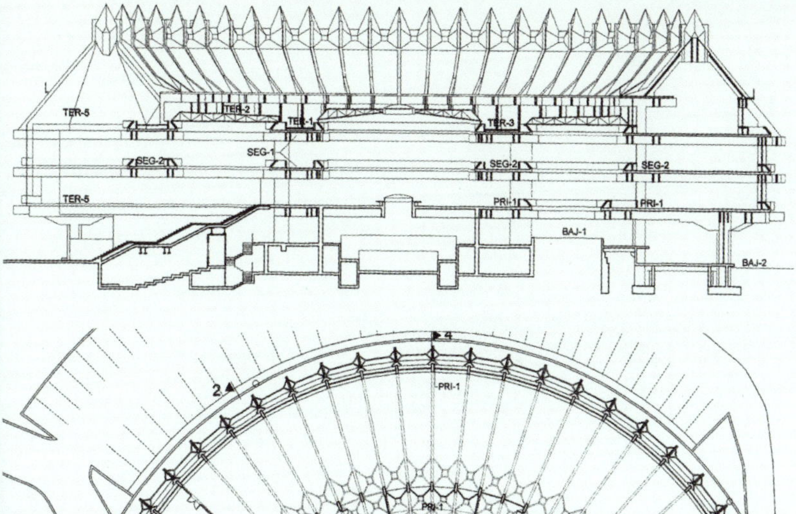


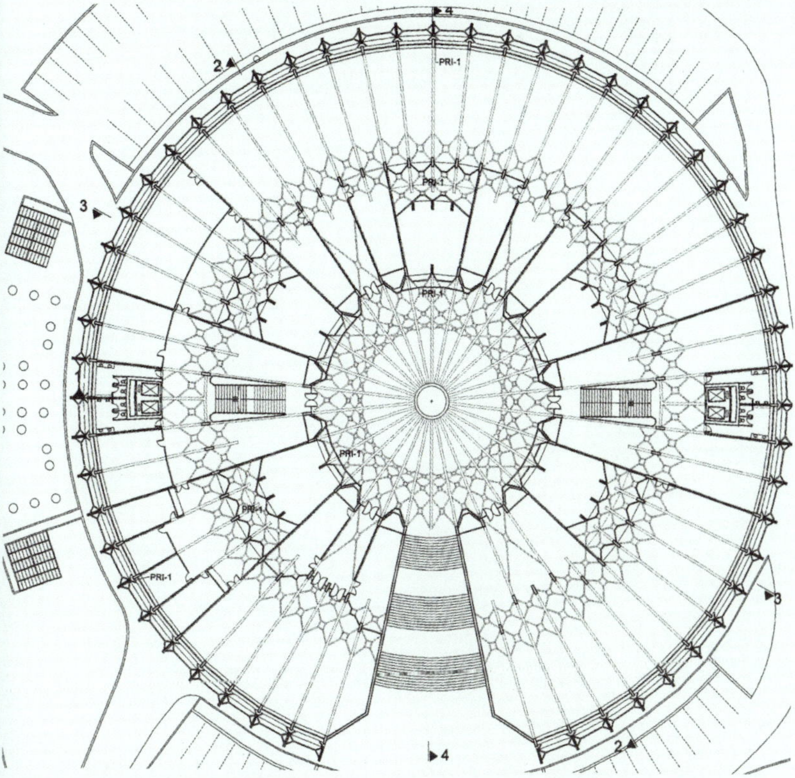


**Sección y planta primera, 1971**

## » Biblioteca de la Universidad Nacional de Educación a Distancia, UNED

118 E

Calle Senda del Rey, 5
*José Ignacio Linazasoro Rodríguez*
1991–1994

La Biblioteca Central de la UNED se alza como pieza emblemática de la cornisa oeste de la Ciudad Universitaria, al pie de la M-30. El edificio, cuyos espacios interiores de madera recuerdan a la biblioteca de la Phillips Exeter Academy de Louis Kahn, se proyectó como un gran cubo de ladrillo que se cierra al exterior, disponiendo las estanterías de forma perimetral y organizando el espacio de lectura en torno a un amplio vano central rematado por un potente lucernario.

## » Facultad de Ciencias Económicas y Empresariales de la Universidad Nacional de Educación a Distancia, UNED

119 E

Calle Senda del Rey, 11
*José Ignacio Linazasoro Rodríguez*
1991–1994

Este centro de estudios se sitúa en el término de la Ciudad Universitaria, a unos metros de la Biblioteca Central de la UNED. El arquitecto proyectó una pieza longitudinal de la que surgen, en forma perpendicular, cinco grandes bloques de hormigón separados por amplios patios cubiertos que aumentan la superficie de fachada, quebrándose esta en su cara oeste para permitir la entrada de luz natural en todas las estancias.

## » Colegio Mayor Argentino Nuestra Señora de Luján

120 E

Calle Martín Fierro, 3
*Horacio Baliero,*
*Carmen Córdova*
1964–1969

El Colegio Mayor Argentino, ubicado en la Ciudad Universitaria de Madrid, es obra de Horacio Baliero y Carmen Córdova, dos de los más destacados arquitectos del Movimiento Moderno argentino de la segunda mitad del siglo XX. El edificio, cuya fachada de ladrillo y diseño en curva recuerdan a la obra de Alvar Aalto, vuelca las estancias interiores hacia el jardín en forma de terrazas escalonadas, respetando así la pendiente natural del terreno.

## » Torre de Madrid

121 E

Plaza de España, 18

*Julián Otamendi Machimbarrena*

1954–1960

La famosa Torre de Madrid, emplazada en una de las zonas más representativas de la ciudad, se alza como una pieza emblemática al final de la Gran Vía madrileña. La ya desaparecida Compañía Inmobiliaria Metropolitana llevó a cabo este proyecto de la mano de los hermanos Otamendi, como ya había realizado anteriormente con la exitosa construcción del conocido Edificio España, junto al que la Torre de Madrid forma un interesante conjunto arquitectónico. Considerado en su época uno de los edificios más modernos de la capital, se levanta sobre un solar de planta irregular, en cuya diagonal se sitúa la entrada principal, con el vestíbulo y el núcleo de comunicaciones. Con más de 40.000 m² divididos en 34 alturas, el proyecto, totalmente rehabilitado en la actualidad, alberga un programa de diferentes usos, entre los que se encuentran varios locales comerciales, un hotel y distintas tipologías de viviendas. Siguiendo una construcción escalonada sobre una estructura de hormigón armado, la torre se desplaza hacia la esquina de la parcela, elevándose más de 140 m con una estética sencilla, en la que destacan las terrazas curvadas en voladizo y una amplia cornisa desde donde que se aprecia una de las mejores vistas de la ciudad.

Carlos Delgado

### » Escuela Superior de Hostelería y Turismo

122 E

Paseo Puerta del Ángel, 5
*Francisco de Asís Cabrero, Jaime Ruiz Ruiz*
1956–1957

Esta escuela fue construida a finales de la década de los cincuenta en la Casa de Campo, muy cerca de una de las vías principales de acceso rodado a la ciudad. Este edificio, de gran sencillez compositiva, supuso en el momento de su construcción un aire de modernidad dentro del racionalismo madrileño. El conjunto tiene una estructura en retícula de hormigón y se organiza en torno a un patio ajardinado al que vuelcan tres pabellones conectados entre sí, formando de esta manera una planta en forma de «U» que enmarca sus vistas hacia la Sierra de Guadarrama. Cada uno de los bloques contiene un programa bien diferenciado: por un lado se encuentra la escuela de cocina con las aulas, otro volumen alberga la residencia de estudiantes y una nave se destina a eventos y recepciones oficiales. La construcción principal, que se dispone sobre un gran zócalo de ladrillo visto, resuelve su fachada mediante una sencilla estructura metálica que organiza el frente en módulos. Estos huecos de vidrio y aluminio, junto con la celosía cerámica de la parte posterior, transmiten una destacada búsqueda de modernidad.

### » Pabellón de Cristal Casa de Campo

123 E

Avenida Principal, 16
*Francisco de Asís Cabrero, Luis Labiano Regidor de Vicuña, Rafael de Heredia Scasso, Anselmo Moreno Castillo, Jaime Ruiz Ruiz*
1964–1965

Este pabellón se construyó para la Feria Internacional del Campo de 1965 con la intención de servir de espacio polivalente para acoger grandes eventos, exposiciones y congresos. Está emplazado sobre un terreno de gran pendiente que le aporta una destacada visibilidad, y se trata de un edificio insignia de la Casa de Campo de Madrid. Los arquitectos, persiguiendo la idea moderna de la caja de cristal e inspirados por Mies van der Rohe, diseñaron un proyecto de gran simplicidad formal definido por una envolvente de hierro que contiene en su interior una enorme sala diáfana. El resultado es una nave rectangular de grandes dimensiones que se distribuye en tres niveles unidos entre sí a través del vestíbulo principal de acceso. Con una superficie cubierta de más de 9.000 $m^2$, la estructura se convierte en la protagonista de este espacio. Sobre los grandes pilares de hormigón de la planta baja y entreplanta, destaca la imponente estructura metálica que cubre la nave y sirve de bastidor en la configuración de la envolvente de cristal.

**Pabellón de los Hexágonos** 124 E

Ronda de las Provincias, 8
*Ramón Vázquez Molezún, José Antonio Corrales Gutiérrez*
1956–1959

El Pabellón de los Hexágonos, uno de los mejores proyectos de la arquitectura institucional española del siglo XX, fue construido como resultado de un concurso que convocó el Ministerio de Asuntos Exteriores para diseñar un edificio que representara a España en la Exposición Universal de Bruselas de 1958. Un año después, este se desmontó y trasladó a la Casa de Campo de Madrid, donde aún hoy permanece pendiente de rehabilitación. Teniendo en cuenta que el pabellón debía ser reconstruido en España al finalizar la exposición, los arquitectos diseñaron un ingenioso sistema constructivo prefabricado, de pocos elementos, que se adapta fácilmente a la topografía irregular de la parcela. El espacio se organiza bajo una cubierta continua, según un sistema modular en el que el elemento básico es un hexágono de 6 m de diámetro que se apoya sobre una esbelta columna central tubular de acero. Destaca la riqueza espacial interior, que convirtió al famoso pabellón en una de las obras españolas con más trascendencia internacional.

**Imagen del pabellón en la Casa de Campo**

**Zoo Aquarium de Madrid**

125 E

Casa de Campo, s/n
*Javier Carvajal Ferrer,*
*Julián Colmenares Juderías*
1968–1970

Este zoo está emplazado en una superficie de más de 250.000 m² en la Casa de Campo, y se construyó con el objetivo de sustituir a las antiguas instalaciones de la Casa de Fieras del Parque del Retiro, que datan de tiempos de Fernando VII. Considerado un brillante exponente de la arquitectura recreativa del siglo XX, fue proyectado con la idea de recrear el hábitat propio de cada especie en construcciones abiertas. Para ello, los arquitectos contaron con el asesoramiento de expertos naturalistas como Félix Rodríguez de la Fuente, cuyo vasto conocimiento sobre el comportamiento animal ayudó en el diseño de las instalaciones. El recinto se organiza con una serie de estructuras de hormigón con encofrado visto, cuyas escultóricas formas fueron trazadas por los artistas José Luis Sánchez y Josep Maria Subirachs i Sitjar. Los elementos más característicos del conjunto son aquellos que imitan los relieves de la naturaleza, como el espacio de los leones, tigres y osos, y el de los mandriles o cabras, con plataformas ajardinadas y esculpidos muros de contención, abruptos y escalonados, en forma de laderas escarpadas.

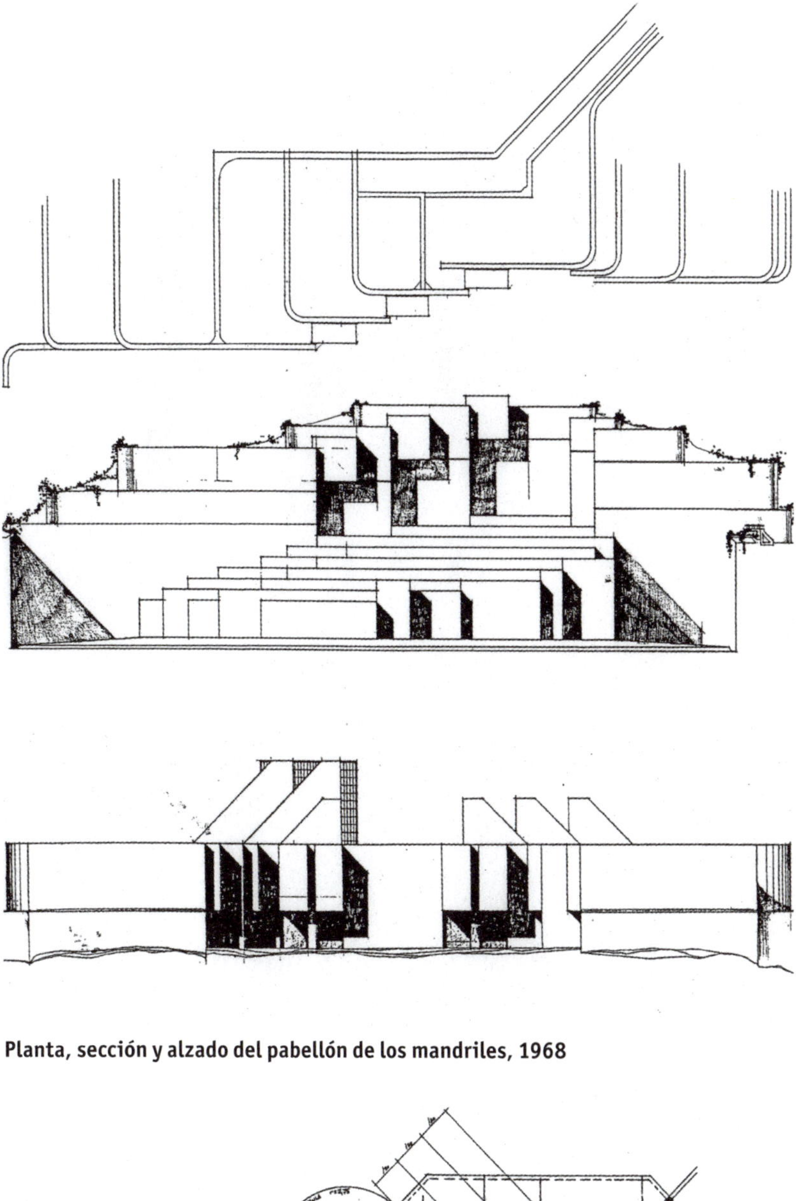

Archivo General de la Universidad de Navarra/207/Proyecto 198

Planta, sección y alzado del pabellón de los mandriles, 1968

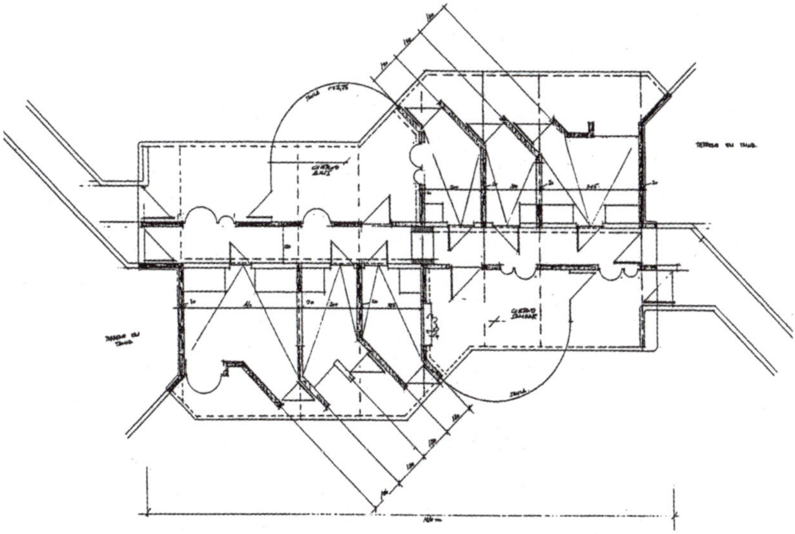

Planta, 1968

0
1 km
Parque de
El Retiro
CENTRO
RETIRO
ARGANZUELA
Avenida la Paz
PUENTE DE
VALLECAS
Parque
Enrique
Tierno
Galván
Av. de Córdoba
Río Manzanares
127
130
128
Parque de
Pradolongo
129
Parque
de Entrevías
USERA
126
Av. de Andalucía
131
VILLAVERDE
132

MORATALAZ
A-3
M-40
VICÁLVARO
VILLA DE
VALLECAS
135
134
133

**Edificio de viviendas sociales en Carabanchel** 126 F

Calle Clarinetes, 11
*Alejandro Zaera-Polo, Farshid Moussavi*
2006–2007

Situado a las afueras de la ciudad, este conocido bloque de viviendas sociales fue proyectado por la arquitecta británica de origen iraní Farshid Moussavi y su colega español Alejandro Zaera-Polo. El proyecto, galardonado en 2008 con el Premio a la Excelencia en Arquitectura que concede cada año el Royal Institute of British Architects, RIBA, representó a Madrid, junto al Eco-Boulevard de Vallecas, en la Exposición Universal de Shanghai de 2010 como modelo de desarrollo sostenible para un mejor futuro urbano. Con el objetivo de conseguir un espacio abierto de uso común para los vecinos, el proyecto, que contaba desde un inicio con un presupuesto limitado, compacta todas las unidades en un único bloque rectangular de 100 × 45 m, permitiendo así liberar más de la mitad de la parcela. De esta forma, los arquitectos consiguieron distribuir 93 viviendas de 13 m de longitud y cuatro tipologías distintas a lo largo de todo el volumen, proporcionando und doble orientación este-oeste a cada una de ellas. El cerramiento de las estancias exteriores, completamente acristalado, está rodeado en todo su perímetro por una galería de 1,5 m de anchura que actúa a modo de terraza, y cuya fachada de bambú es el elemento más característico del edificio. Esta llamativa envolvente, construida con celosías de bambú montadas sobre bastidores plegables, proporciona una imagen heterogénea de la fachada a la vez que actúa como colchón térmico, protegiendo del frío en invierno y de la exposición solar en verano.

**Biblioteca Pública Municipal José Hierro**
Avenida de Rafaela Ybarra, 43
*Iñaki Ábalos Vázquez, Juan Herreros Guerra*
2000–2003

127 F

Con una superficie aproximada de 3.500 m², la Biblioteca Pública Municipal José Hierro se eleva en forma de cubo sobre una gran parcela del distrito de Usera. El proyecto, que resuelve el desnivel del terreno mediante un gran zócalo escalonado sobre el que se proyecta una plaza ajardinada, organiza el programa principal en vertical, minimizando los núcleos de circulación y dando lugar a amplios espacios diáfanos de atmósfera silenciosa.

**Centro Madrid Salud, Usera** 128 F

Calle Avena, 3

*María Hurtado de Mendoza,*

*César Jiménez de Tejada,*

*José María Hurtado de Mendoza*

2006–2010

El Centro Madrid Salud de Usera, situado al sur de la ciudad, nació junto al Centro Madrid Salud de San Blas como consecuencia de un concurso convocado por el Ayuntamiento de Madrid para la construcción de dos edificios sanitarios idénticos en programa, superficie y presupuesto, pero ubicados en diferentes distritos. Un tercer proyecto, el Centro Madrid Salud de Villaverde, que surgió de un segundo concurso de similares características convocado poco tiempo después, completa la trilogía de equipamientos ambulatorios madrileños de este equipo de arquitectos. El proyecto conjunto, galardonado con el premio ArchDaily al mejor edificio de 2012 en la categoría de arquitectura sanitaria, nació con el planteamiento inicial de desarrollar un único diseño que pudiera coexistir en contextos y emplazamientos diferentes. Los edificios, con un aspecto exterior hermético que da la espalda al entorno, organizan el programa en torno a catorce pequeños patios que permiten la entrada de luz natural en todas las estancias, creando un espacio ligero y luminoso. En el caso del edificio de Usera, contrasta la ligereza que aportan las pequeñas piezas cerámicas blancas del revestimiento interior de los patios con el sistema constructivo de muros de hormigón que, junto a la envolvente exterior de malla metálica en tonos dorados, componen una fachada totalmente opaca.

## Centro Olímpico de Tenis de Madrid (Caja Mágica)

129 F

Camino de Perales, 23
*Dominique Perrault Architecture*
2002–2009

El Centro Olímpico de Tenis de Madrid, comunmente llamado «La Caja Mágica», se ubica al sur de la ciudad, al borde del Parque Lineal del Manzanares. Dominique Perrault, reconocido arquitecto francés autor de la Biblioteca Nacional de Francia, ganó con este proyecto el concurso internacional convocado por el Ayuntamiento de Madrid con el objetivo de desarrollar un centro deportivo de grandes prestaciones para la candidatura de la ciudad a los Juegos Olímpicos de 2012. En la actualidad, tras la negativa del Comité Olímpico Internacional, sus instalaciones acogen anualmente el torneo Mutua Madrid Open. La simplicidad de la volumetría del edificio contrasta con el diseño de las cubierta móviles, que se adaptan a distintas condiciones espaciales. Con 80.000 m² construidos sobre un gran lago artificial, el complejo se estructura en cuatro pabellones que agrupan tres grandes estadios para 20.000 espectadores, una plataforma con 16 pistas exteriores, varias canchas cubiertas, piscina interior, una escuela de tenis, un aparcamiento y zonas de restauración. El edificio cuenta con una estructura de hormigón armado para sostener las losas de los graderíos centrales, mientras que la construcción de la caja exterior se ha llevado a cabo con columnas y vigas de acero. Las impresionantes cubiertas móviles del edificio principal, montadas sobre elevadores hidráulicos, pueden deslizarse hasta destapar el recinto por completo, creando una silueta cambiante en el paisaje y facilitando la adaptación del espacio para acoger toda clase de espectáculos.

MUTUA MADRID OPEN

PLAZA
ANGELICA SEÑORA

## Parroquia de Nuestra Señora de la Fuencisla

130 F

Plaza Angélica Señora, 1

*José María García de Paredes*

1961–1965

La Parroquia de Nuestra Señora de la Fuencisla, situada al sur de la ciudad, se inserta en el Poblado Dirigido de Almendrales, proyecto que fue llevado a cabo a finales de los años cincuenta por los prestigiosos arquitectos José María García de Paredes, José Antonio Corrales Gutiérrez, Javier Carvajal Ferrer y Ramón Vázquez Molezún. El primero, que desarrolló de manera individual el centro parroquial, planteó el proyecto como lugar de culto y espacio de reunión para los vecinos. El edificio, condicionado por la existencia de una línea de alta tensión que atravesaba diagonalmente la parcela, se dividió en dos volúmenes, uno para el templo y otro para la casa rectoral. Pese a esta segregación de programa, el conjunto original fue planteado como un recinto continuo, estando delimitado por un patio arbolado desde donde se accedía a ambas estancias. Este atrio, modificado años después mediante demoliciones parciales, actuaba como antesala de la iglesia, cuya composición interior se caracteriza por integrar el nártex, baptisterio, presbiterio y capilla penitencial en una única nave de planta irregular. La estructura se resuelve mediante una serie de elementos modulares definidos por esbeltos pilares metálicos que sostienen las claraboyas troncopiramidales de la cubierta, inundando el espacio de luz cenital.

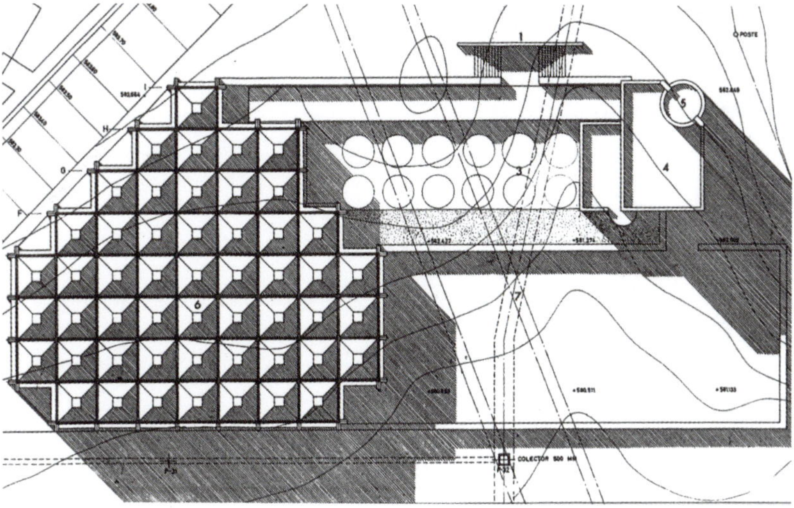

**Planta de cubierta, 1961**

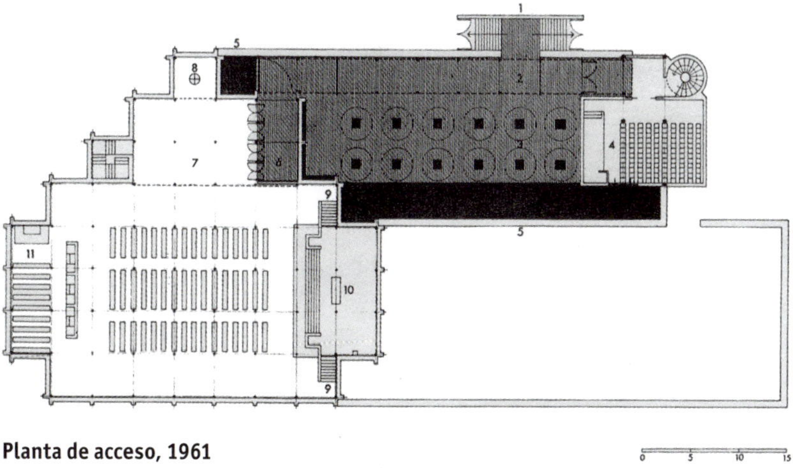

**Planta de acceso, 1961**

### « Centro Madrid Salud, Villaverde

131 F

Avenida de la Felicidad, 17
*María Hurtado de Mendoza, César Jiménez de Tejada, José María Hurtado de Mendoza*
2007–2010

El Centro Madrid Salud de Villaverde, situado al sur de la ciudad, nació junto a los Centros Madrid Salud de San Blas y Usera como consecuencia de un concurso convocado por el Ayuntamiento de Madrid para la construcción de tres edificios sanitarios idénticos en programa, superficie y presupuesto, pero ubicados en diferentes distritos. El proyecto conjunto, ganador del premio ArchDaily al mejor edificio de 2012 en la categoría de arquitectura sanitaria, se planteó como un único diseño que pudiera coexistir en contextos y emplazamientos diferentes. Los edificios, con un aspecto exterior hermético, organizan el programa en torno a catorce pequeños patios que permiten la entrada de luz natural en todas las estancias, creando un espacio ligero y luminoso. En el caso del edificio de Villaverde, con una volumetría más próxima al peatón que los otros dos centros, la fachada se resuelve con un sistema constructivo de estructura metálica y cerramientos de vidrio traslúcido, presentando una imagen más liviana del conjunto.

### » Edificio de viviendas sociales en Villaverde

132 F

Calle Berrocal, 56A
*David Chipperfield Architects, Matías Manuel Santolaya Heredero, José María Fernández Isla*
2000–2005

Este proyecto residencial, ubicado en la periferia sur de la ciudad, fue realizado por la famosa oficina londinense David Chipperfield Architects en colaboración con Matías Manuel Santolaya Heredero y José María Fernández Isla como arquitectos asociados en España. El bloque de viviendas, que forma parte del proyecto de regeneración urbana de la zona, se levanta como edificación aislada en forma de «U» en torno a un gran patio de manzana, permitiendo así que todos los apartamentos sean exteriores. El edificio, cuya entrada cobra especial protagonismo por el oscuro pórtico de hormigón por el que se accede a las viviendas, cuenta con 176 unidades habitacionales de cuatro tipologías distintas repartidas en ocho alturas. La fachada, con una ligera inclinación en su parte superior que parece fundirse con la cubierta, alterna sus estrechos huecos verticales con paneles de hormigón reforzado con fibra de vidrio, (paneles GRC), cuya variedad cromática en tonos rosáceos genera una imagen más liviana del monumental conjunto.

**Planta de Reciclaje de Valdemingómez** 133 F

Centro de Tratamiento La Galiana
Cañada Real de Merinas, s/n
*Iñaki Ábalos Vázquez,*
*Juan Herreros Guerra,*
*Ángel Jaramillo Sánchez*
1996–2000

Este singular proyecto, situado al sureste periférico de la ciudad, forma parte del Parque Tecnológico de Valdemingómez, cuyas instalaciones de reciclaje absorben las más de 4.000 toneladas de residuos urbanos que se generan a diario en la capital. Los arquitectos, haciendo gala del compromiso medioambiental inherente al programa, plantearon este complejo como una intervención con una vida útil de 25 años, tras los cuales podría a su vez reciclarse como equipamiento. La planta de reciclaje, que ha sido objeto de numerosos premios de arquitectura y urbanismo, se asienta sobre una pequeña ladera, aprovechando su pendiente para desarrollar una cadena de reciclaje basada en un proceso lineal y gravitatorio. Construido con un sistema estructural de gran ligereza, este gran espacio diáfano se unifica bajo una potente cubierta inclinada, cuya vegetación exterior de compost parece fundirse con el paisaje.

### » Edificio de viviendas sociales en el Ensanche de Vallecas

134 F

Calle Canencia de la Sierra, 50
*Ángel Nodar del Real,*
*Carlos Miguel Iglesias Sanz*
2007–2011

Este edificio residencial se sitúa en el sudeste del término municipal de Madrid, en el conocido Ensanche de Vallecas, cuyo Plan de Actuación Urbanística fue llevado a cabo en la década de los noventa con el objetivo de ampliar la ciudad. El proyecto, con una singular volumetría porticada que cierra un gran patio interior de manzana, consta de 146 viviendas distribuidas en dos bloques de ocho alturas que liberan la esquina sur de la parcela, permitiendo una mayor iluminación del patio y su continuidad con el bulevar. Con una fachada ventilada que se adapta mediante leves quiebros a adecuadas orientaciones de soleamiento y ventilación, el edificio busca filtrar y reflejar la luz natural a través de una doble piel de paneles de policarbonato traslúcido, tanto para mejorar las condiciones lumínicas del interior, como para integrarse con el paisaje arbolado del cercano Parque de la Gavia.

### » Eco-Boulevard

135 F

Bulevar de la Naturaleza
*Belinda Tato Serrano,*
*José Luis Vallejo Mateo,*
*Diego García-Setién Terol*
2004–2007

Tres peculiares pabellones forman este bulevar situado al oeste de Vallecas. El proyecto, galardonado en 2008 con uno de los Premios a las Buenas Prácticas que concede el Programa ONU-Habitat de Naciones Unidas, representó a Madrid, junto al edificio de viviendas sociales en Carabanchel, en la Exposición Universal de Shanghai de 2010 como modelo de desarrollo sostenible para un mejor futuro urbano. La propuesta, que busca mejorar el confort ambiental del barrio y propiciar la actividad vecinal a través del acondicionamiento bioclimático temporal del bulevar, consiste en la instalación de tres cilindros energéticamente autosuficientes, cuyos sencillos sistemas de climatización regulan su atmósfera interior. Estas grandes estructuras, construidas con andamios de acero, hacen oda al reciclaje con todos los materiales reutilizables empleados en su construcción.

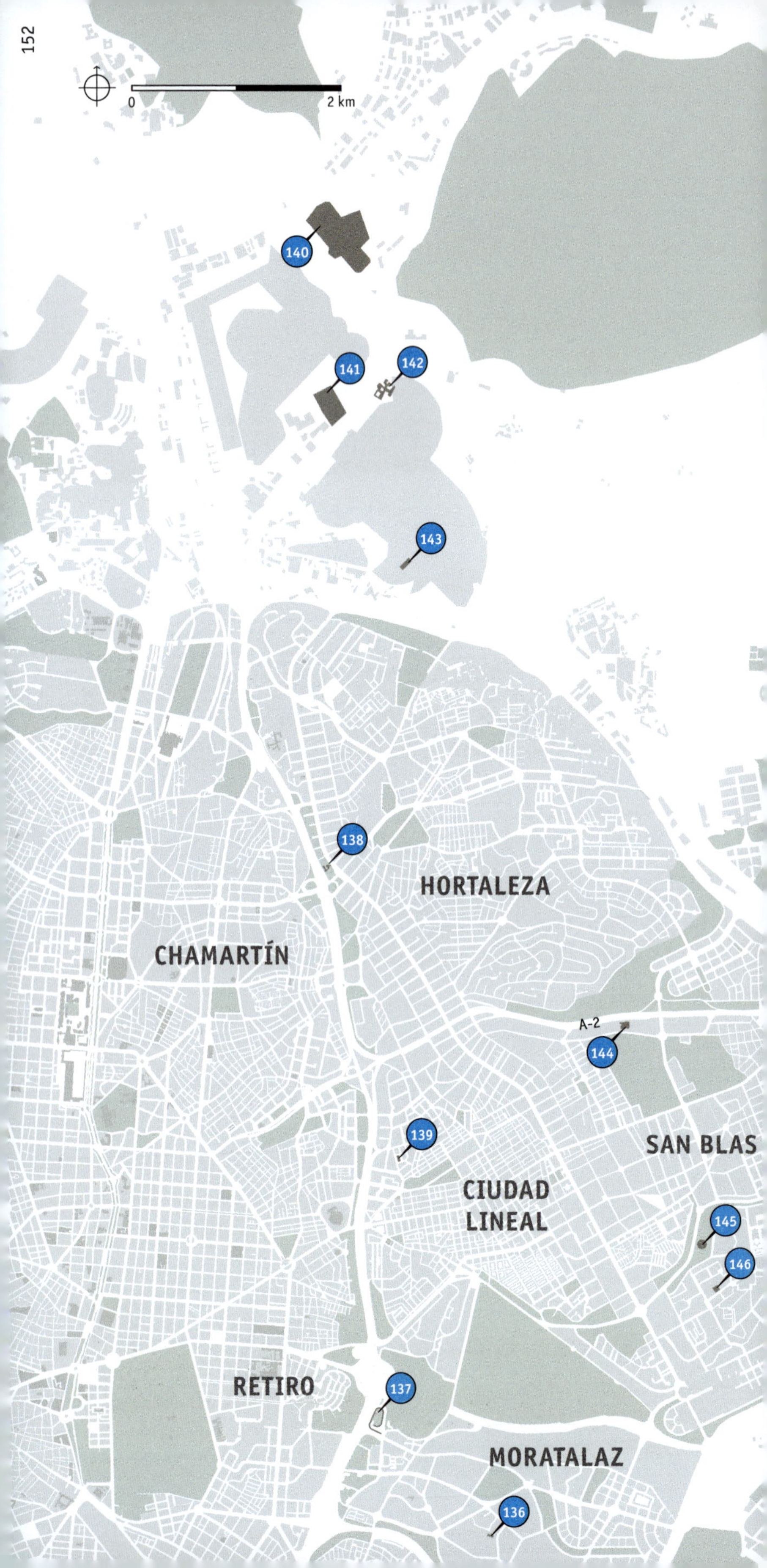
0
2 km
140
141
142
143
138
HORTALEZA
CHAMARTÍN
A-2
144
139
SAN BLAS
CIUDAD
LINEAL
145
146
RETIRO
137
MORATALAZ
136

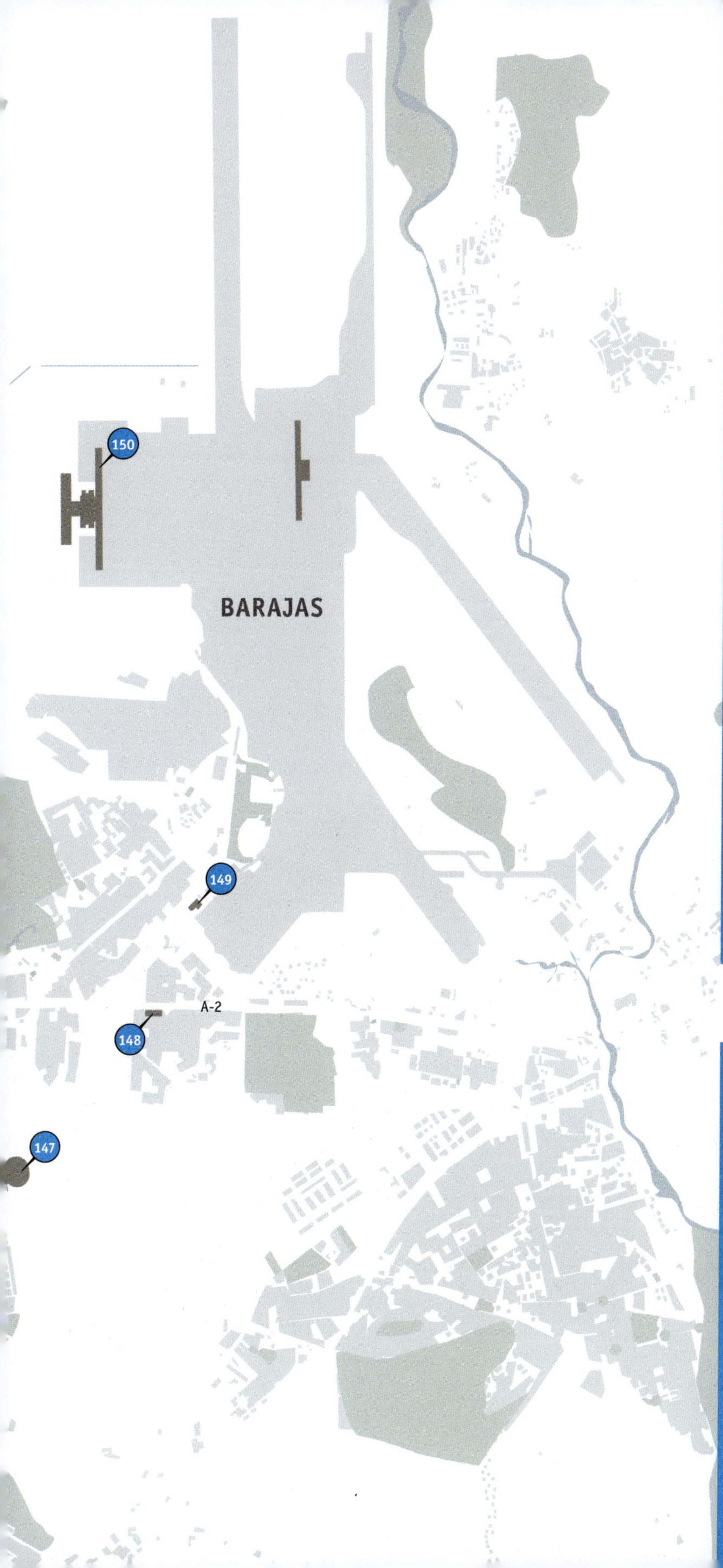
150
BARAJAS
149
A-2
148
147

**Parroquia de Santa Ana y la Esperanza**

136 G

Calle de la Cañada, 35
*Miguel Fisac Serna*
1965–1966

Fisac fue una figura imprescindible en la arquitectura sacra española del siglo XX. Este complejo parroquial de gran expresividad plástica, construido por completo en hormigón, supone una lección magistral de modernidad y oficio. Basándose en las nuevas directrices litúrgicas emanadas del Concilio Vaticano II, el arquitecto ideó una peculiar disposición en planta alrededor del altar para animar a la participación de los fieles. En su afán por subrayar el carácter sacro de su diseño, modeló un muro curvo sobre el altar con tres imponentes concavidades correspondientes a los diferentes momentos de la celebración litúrgica. La inequívoca cubierta de Fisac, construida con vigas «hueso» de hormigón pretensado, denota una fuerte influencia de la obra de Le Corbusier, a la vez que singulariza la potente imagen exterior del complejo parroquial en el entorno.

Servicio Histórico. Fundación Arquitectura COAM

**Sección y planta de acceso, 1965**

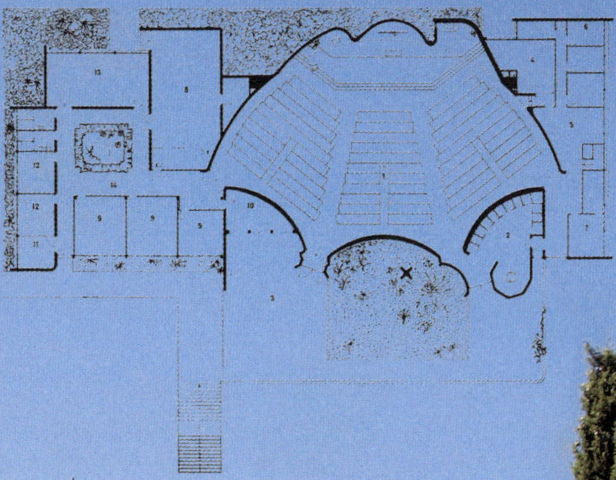

## »» Edificio de viviendas El Ruedo

137 G

Calle Félix Rodríguez de la Fuente, 3
*Francisco Javier Sáenz de Oíza, Javier Sáenz Guerra*
1986–1990

Este enorme bloque de viviendas fue galardonado con el Premio de Arquitectura y Urbanismo del Ayuntamiento de Madrid poco después de su construcción, y ha resultado ser uno de los proyectos más controvertidos del maestro de la arquitectura moderna española. El edificio es resultado de un concurso convocado en 1986 por la Consejería de Ordenación del Territorio para la construcción de viviendas sociales en el noroeste de la ciudad, al borde de la vía de circunvalación M-30. Además de la problemática ubicación del solar, el Plan General de Diseño Urbano de Madrid establecía las características de edificación, forma y tamaño. Inspirado en los *Höfe* vieneses de principios del siglo XX, el arquitecto diseñó un monumental bloque de ladrillo con más de 300 viviendas que vuelcan hacia un patio interior de gran exuberancia cromática. Con planta en forma de espiral, el proyecto plantea una fachada con diferentes alturas, restándole así rigidez y monotonía a todo el conjunto. La envolvente tiene dos caras bien diferenciadas: la fachada externa presenta pequeñas aberturas y protege así las viviendas del ruido, mientras que la fachada interna presenta una cara más expuesta, amable y abierta a la vida común del vecindario.

### ≽ Piscina Stella

138 G

Calle Arturo Soria, 231
*Fermín Moscoso del Prado Torre*
1945–1947
*José Antonio Corrales Gutiérrez,*
*Luis Gutiérrez Soto*
1952 (ampliación)

El edificio del antiguo Club Stella se encuentra justo al borde de la M-30. Esta famosa piscina, planificada en su origen con el objetivo de promover las actividades deportivas en la ciudad, fue proyectada por el arquitecto Fermín Moscoso del Prado Torre, y ampliada más tarde por Luis Gutiérrez Soto y su sobrino José Antonio Corrales Gutiérrez. El diseño del edificio, como si de un gran buque encallado se tratara, recuerda al Club Náutico de San Sebastián, considerado una de las joyas arquitectónicas del racionalismo europeo. Sin tener las cualidades del anterior, el edificio destaca por una adecuada composición heredada del racionalismo tardío. Una entrada neobarroca permite el acceso al recinto, donde el elemento más significativo es el edificio principal, de líneas puras y color blanco. Levantado sobre una galería porticada, un gran mirador con forma circular se abre hacia la zona de la piscina. En esta terraza elevada, además del área deportiva, encontramos un amplio jardín arbolado y espacio de recreo. Queda patente el empleo de elementos típicos de la arquitectura deportiva de carácter acuático, donde cabe destacar los motivos náuticos en todo el conjunto.

**Central Telefónica de la Concepción**

139 G

Calle Antonio Calvo, 4

*Julio Cano Lasso*

1969–1974

La Central Telefónica de la Concepción, ubicada al este de la ciudad, es uno de los numerosos proyectos de carácter racionalista que el arquitecto Julio Cano Lasso desarrolló para la empresa Telefónica en la Comunidad de Madrid.

El edificio, que recuerda a la obra del neerlandés Willem Marinus Dudok, se proyectó como un enorme contenedor cuya función principal consiste en almacenar grandes equipos de telefonía. Como si de un castillo medieval se tratara, esta construcción se cierra mediante grandes muros ciegos de ladrillo visto, cuyos lados más estrechos presentan unos característicos conductos de ventilación en forma de torreones cilíndricos que aportan gran expresividad al proyecto.

**Dibujo, 1976**

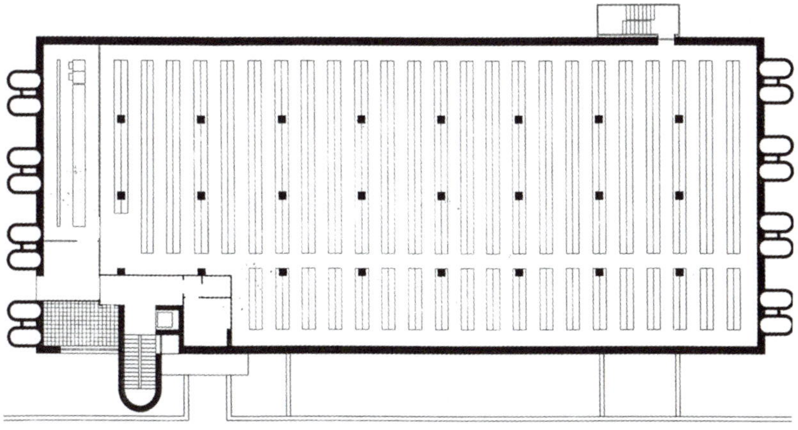

**Planta de acceso, 1970**

140 G

**Distrito de la Comunicación de Telefónica**

Ronda de la Comunicación, s/n

*Rafael de La-Hoz Castanys*

2002–2007

El nuevo Distrito de la Comunicación de Telefónica, situado en un desarrollo urbanístico de reciente construcción al norte de la ciudad conocido como Las Tablas, se llevó a cabo con el propósito de concentrar a los casi 14.000 trabajadores de la empresa en un único campus corporativo. El proyecto, que cuenta con galardones como el Premio a la Obra Internacional de la XI Bienal de Arquitectura Argentina y la distinción COAM 2010 a la obra del arquitecto, se planteó como un espacio abierto para facilitar la peatonalización y conexión entre los empleados. Con una superficie aproximada de 390.000 m$^2$, sus instalaciones se organizan en varios edificios agrupados alrededor de patios ajardinados y unidos mediante una inmensa cubierta que aporta unidad al conjunto. En cada esquina de la parcela se levantan tres grandes construcciones cúbicas destinadas a oficinas, que delimitan el solar pero no suponen un cierre físico del mismo. En el interior se encuentran el resto de edificaciones, de menor altura y dedicadas a los servicios comunes de la empresa, como restaurantes, guarderías, gimnasios y espacios comerciales, además de la conexión con la estación de Metro, que otorga carácter urbano al proyecto. El edificio, diseñado conforme a distintos criterios de eficiencia energética, cuenta con más de 16.000 paneles solares fotovoltaicos sobre la cubierta, cuyas dimensiones superan el kilómetro de longitud, permitiendo así sombrear fachadas y plazas. La envolvente está creada con un único tipo de vidrio diseñado especialmente para el proyecto y consta de varios filtros de protección que reducen el gasto energético, y otorgan al conjunto una fuerte identidad.

**Nueva sede BBVA** 141 G

Calle Sauceda, 28

*Herzog & de Meuron*

2007–2015

El nuevo edificio del BBVA, referente arquitectónico de la ciudad, se alza como pieza emblemática sobre la periferia norte madrileña. Los arquitectos, que contaron con la colaboración de las oficinas españolas CBRE FM y Ortiz León Arquitectos para la ejecución de las obras, proyectaron una ciudad volcada al interior, con un tejido de pequeñas calles y patios que facilitan la relación entre los empleados. El proyecto organiza una serie de edificios alrededor de una gran plaza, sobre la que se erige una torre ovoide de 93 m de altura. La fachada, con una superficie acristalada de 49.000 m², está protegida por una serie de parasoles de fibra de vidrio que mejoran el comportamiento térmico del conjunto y permiten la iluminación natural de todas las estancias.

CHOOL SCH
ST.
GEO

**« Parroquia de San Pedro Mártir** 142 G

Avenida de Burgos, 204
*Miguel Fisac Serna*
1955–1960

Esta obra, una de las más reconocidas del arquitecto a nivel internacional, se edificó en su momento sobre un paisaje despoblado, al borde de la antigua carretera de Francia. Con el encargo de realizar un convento en el que habrían de convivir profesores y estudiantes de teología, Miguel Fisac Serna diseñó una serie de pabellones articulados entre sí mediante claustros y patios. Presidiendo todo el conjunto destaca la iglesia. Su esbelta torre de 65 m de altura, construida con pilares de hormigón enlazados por una rampa helicoidal, se impone sobre el entorno inmediato. Llama la atención la disposición espacial del templo, con una planta en forma de diábolo que se estrecha en el centro, donde se encuentra el altar, y se amplía en dos zonas enfrentadas, para el coro y los fieles. En este punto de convergencia, el suelo y la cubierta se elevan, marcando el protagonismo de este espacio litúrgico. Con una destacada sinceridad constructiva, el arquitecto combinó a la perfección la expresividad de los lugares representativos con el rigor funcional y constructivo de los espacios de uso cotidiano.

**¥ Edificio de viviendas sociales Mirador** 143 G

Avenida de Francisco Pi y Margall, 21
*MVRDV, Blanca Lleó Fernández*
2001–2005

Este bloque residencial fue galardonado como Mejor Edificio de Viviendas de 2005 en la XX edición de los Premios de Urbanismo, Arquitectura y Obra Pública del Ayuntamiento de Madrid. El proyecto corrió a cargo del estudio neerlandés MVRDV en colaboración con Blanca Lleó Fernández como arquitecta asociada en España. La propuesta, que se inserta dentro de la trama desarrollada en el Plan de Actuación Urbanística de Sanchinarro, transforma la clásica tipología de manzana cerrada mediante el giro del edificio, permitiendo así liberar el resto de la parcela como espacio público. El proyecto cambia el estereotipo de unidad residencial tradicional por el apilamiento de viviendas en torno a un gran patio interior vertical y cuenta con 156 viviendas sociales distribuidas en 21 plantas. Los diferentes tipos de vivienda, que se aglutinan en nueve bloques separados por pequeños huecos de circulación, quedan representados en el exterior por la variedad de materiales empleados en los distintos cerramientos de fachada.

G

### » Edificio Anaya (Antiguo edificio de Standard Eléctrica, ITT)

144 G

Calle Juan Ignacio Luca de Tena, 15
*Ramón Vázquez Molezún, Felipe García-Escudero Torroba*
1969–1973

La sede central del Grupo Anaya, en la periferia de la ciudad, ocupa las instalaciones del antiguo Centro de Investigación y Desarrollo de Standard Eléctrica, realizado por Ramón Vázquez Molezún y Felipe García-Escudero Torroba, quienes fueron galardonados por este proyecto con el Premio del COAM en 1972. Construido como laboratorio tecnológico para la filial española de la compañía International Telephone & Telegraph, el edificio original, que actualmente ha sufrido varias modificaciones, estaba constituido inicialmente por un sencillo volumen en forma de «U», con una estructura reticular de pilares que permitía disponer de manera flexible los diferentes puestos de trabajo dentro de un modélico espacio diáfano.

### » Centro Cultural y Auditorio Parque El Paraíso

145 G

Avenida de Arcentales
*Cleto Barreiro Sorrivas*
2005–2006

Este complejo está situado en el Parque El Paraíso, y surgió de la necesidad de crear un amplio espacio público para albergar espectáculos al aire libre y en el que poder llevar a cabo actividades culturales del distrito. El pabellón, con una escultural imagen que recuerda a las estructuras abovedadas diseñadas por el famoso arquitecto Félix Candela, está configurado por cinco grandes cubiertas con forma de paraboloide hiperbólico que cubren las distintas áreas del programa. Estas superficies alabeadas, adecuadas para este tipo de edificios por su capacidad para cubrir grandes luces con mínimos apoyos y garantizar condiciones acústicas favorables, están construidas con una doble malla estructural de tablas de madera, sobre las que apoya el material de cubierta y cuya disposición reproduce las generatrices y directrices de estas figuras complejas.

### » Centro Madrid Salud, San Blas 146 G

Calle Pobladura del Valle, 13
*María Hurtado de Mendoza,*
*César Jiménez de Tejada,*
*José María Hurtado de Mendoza*
2005–2007

El Centro Madrid Salud de San Blas, situado al este de la ciudad, nació junto con el Centro Madrid Salud de Usera como consecuencia de un concurso convocado por el Ayuntamiento de Madrid para la construcción de dos edificios sanitarios idénticos en programa, superficie y presupuesto, pero ubicados en diferentes distritos. Un tercer proyecto, el Centro Madrid Salud de Villaverde, que surge de un segundo concurso de similares características, completa la trilogía de equipamientos ambulatorios madrileños de este equipo de arquitectos. El proyecto conjunto, ganador del premio ArchDaily al mejor edificio de 2012 en la categoría de arquitectura sanitaria, se planteó desde el inicio como un único diseño que pudiera coexistir en contextos y emplazamientos diferentes. Los edificios, con un aspecto exterior hermético, organizan el programa en torno a catorce pequeños patios que permiten la entrada de luz natural en todas las estancias, creando un espacio ligero y luminoso. En el caso del edificio de San Blas, galardonado a su vez con numerosos premios, contrasta la viveza del azulejo azul de los patios con la rugosidad de los muros de hormigón visto que componen la fachada.

### » Estadio de fútbol del club Atlético de Madrid (Antiguo estadio de atletismo La Peineta) 147 G

Avenida de Luis Aragonés, s/n
*Antonio Cruz Villalón,*
*Antonio Ortiz García*
2010–2017

Ubicado al este del término municipal de la ciudad, el antiguo estadio de atletismo La Peineta fue construido a principios de los años noventa como una pieza preliminar del conjunto de instalaciones que compondrían la Ciudad Deportiva de la Comunidad de Madrid. Tras la fallida propuesta de ampliación desarrollada en el año 2001 para la candidatura de la ciudad a los Juegos Olímpicos de 2012, los mismos arquitectos del edificio original están llevando a cabo su adaptación para convertirlo en el próximo estadio de fútbol del club Atlético de Madrid. El nuevo proyecto, que mantiene la capacidad para transformarse en pista de atletismo en caso de que Madrid sea elegida Sede Olímpica en el futuro, propone la construcción de un graderío perimetral que apoya sobre un zócalo de hormigón armado donde se concentran los accesos y servicios complementarios. Sobre estas gradas, diseñadas para acoger a 70.000 espectadores, se asentará una cubierta ligera que, junto a los huecos horizontales de la nueva fachada, contribuirá a dotar de uniformidad a todo el conjunto arquitectónico.

**≽ Sede de JCDecaux (Antigua fábrica de Martini & Rossi)**

148 G

Avenida de Aragón, 328
*Jaime de Ferrater Ramoneda*
1958–1967
*Carlos Ferrater Lambarri*
1999–2001 (rehabilitación)

Situada al este de la ciudad, la sede de JCDecaux ocupa la antigua fábrica de la compañía italiana Martini & Rossi, construida con gran maestría en los años sesenta por Jaime de Ferrater. Considerada una de las obras madrileñas más destacadas por su elegante sencillez estructural, el edificio estaba formado originalmente por una nave principal destinada a embotellado y almacén, un bloque para zona administrativa y una serie de volúmenes dedicados a servicios complementarios. En la actualidad, el conjunto ha sido rehabilitado y adaptado a un nuevo uso de oficinas por el reconocido arquitecto Carlos Ferrater, y conserva la bella estructura de arcos parabólicos de hormigón y la calidad de sus espacios, en los que se han realizado mínimas intervenciones que permiten enfatizar la excelencia arquitectónica de la obra original.

### ≽ Talleres Aeronáuticos de Barajas, TABSA

149 G

Avenida de la Hispanidad, s/n
*Alejandro de la Sota Martínez*
1957–1958

Esta gran nave está situada en un polígono industrial de las inmediaciones del aeropuerto Adolfo Suárez Madrid-Barajas, y se construyó a finales de la década de los cincuenta para albergar las nuevas instalaciones de los Talleres Aeronáuticos del Aeropuerto de Barajas, TABSA, dedicados a la reparación y revisión de motores de aviación. Con una superficie aproximada de 3.500 m², se trata de un edificio industrial formado principalmente por un gran espacio diáfano al que se adosan de manera longitudinal el resto de programas auxiliares y servicios complementarios, como la zona administrativa, las dependencias de los trabajadores y los almacenes. Sin duda, el elemento más característico de este conjunto arquitectónico es la estructura metálica que forma la cubierta en dientes de sierra, que queda expuesta al exterior. Con una forma contraria a la funicular, estas cerchas colocadas en paralelo sostienen los grandes lucernarios que permiten la entrada de luz natural en el interior de la nave. Llama la atención a su vez la composición de la fachada, en la que se percibe la estructura interior y destaca el uso de los materiales, con un gran ventanal corrido de carpintería metálica y el cerramiento de ladrillo pintado en color blanco.

### » Terminal T4 del Aeropuerto Adolfo Suárez Madrid-Barajas

150 G

Autovía M-12
*Rogers Stirk Harbour + Partners, Antonio Lamela Martínez, Carlos Lamela de Vargas*
1996–2006

Considerada una de las mayores obras aeroportuarias de los últimos años, esta nueva terminal es un emblema de la arquitectura madrileña del siglo XXI. El proyecto, realizado por Rogers Stirk Harbour + Partners en colaboración con el Estudio Lamela como asociados en España, es el resultado de un concurso convocado en los años noventa con el objetivo de ampliar las antiguas instalaciones del aeropuerto. Esta compleja intervención urbanística, galardonada en 2006 con el prestigioso premio Stirling del RIBA, incluye además de la creación de una terminal con un edificio satélite, dos nuevas pistas y la conexión viaria con transporte público y privado. La terminal, formada por cuatro volúmenes longitudinales que engloban un gran espacio continuo, está construida por una serie de módulos estructurales de acero y hormigón conectados a través de grandes claraboyas que inundan el espacio de luz natural. La ondulante cubierta, que se extiende hacia el exterior en forma de voladizo sobre la fachada, está revestida con una piel interior de bambú que contribuye a crear una mayor calidez espacial en un proyecto de semejante magnitud.

Revista Arquitectura. Órgano del COAM

**Vista exterior, 1962**

© Aena, Raúl Urbina

# Listado de arquitectos

*Los números corresponden a los códigos de proyecto*

### Arquitectos

**Oficinas de arquitectura**

# Listado de edificios

*Los números corresponden a los códigos de proyecto*

# Créditos fotográficos

Todas las ilustraciones, planos, bocetos y maquetas han sido facilitados por legados de archivos históricos u otras intituciones oficiales. Las fotografías no citadas en la siguiente lista han sido realizadas por los propios autores del libro.

**Ábalos & Herreros:** p. 149; **AENA, Raúl Urbina:** p. 169; **Alfonso Quiroga:** p. 40, p. 54–55, p. 59; **Álvaro Ibáñez:** p. 96 (fotografía); **Archivo Coderch:** p. 75 (alzado y planta); **Archivo de Villa, Ayuntamiento de Madrid:** p. 23, p. 44 (sección); **Archivo General de la Universidad de Navarra:** p. 62 (planta, 207/proyecto 183), p. 103 (planta, 207/proyecto 284), p. 107 (planta, 207/proyecto 160), p. 124 (planta), p. 137 (plantas, sección y alzado, 207/proyecto 198); **Archivo Torroja, CEHOPU-CEDEX:** p. 121 (sección); **Ayuntamiento de Madrid, Imprenta Municipal–Artes del Libro:** p. 44 (planta); **Carlos Delgado:** p. 8, p. 133 (fotografía superior); **Centro Comercial ABC de Serrano, Andrés Hernández Zuazo:** p. 77; **Centro de Estudios Hidrográficos, Enrique Mendiluce:** p. 41 (fotografía inferior); **Colegio LaSalle Nuestra Señora de las Maravillas:** p. 87 (fotografía); **Fundación Alejandro de la Sota:** p. 86 (fotografía inferior derecha), p. 87 (fachada y boceto), p. 115 (boceto); **Jean-Pierre Dalbéra:** p. 174 (fotografía derecha); **Luis García:** p. 174 (fotografía izquierda); **Matadero Madrid:** p. 45 (fotografía superior), p. 47 (fotografía superior), p. 48, p. 49 (fotografía inferior), p. 50 (autor Miguel de Guzmán), p. 51 (autor Paco Gómez); **MM. Mercado de San Miguel, Luis Hevia:** p. 33; **NASA/METI/AIST/Japan Space Systems,and U.S./Japan ASTER Science Team:** p. 11; **Revista Arquitectura. Órgano del Colegio Oficial de Arquitectos de Madrid:** p. 24 (boceto y planta), p. 25 (sección), p. 63 (plantas, legado Julio Cano Lasso), p. 66 (planta, legado Antonio Palacios Ramilo), p. 76 (fotografía inferior), p. 90 (sección y planta, legado Fernández del Amo Moreno), p. 96 (planta, legado Antonio Perpiñá Sebriá), p. 101 (plantas, legado Julio Cano Lasso), p. 168; **Servicio Histórico del Colegio Oficial de Arquitectos de Madrid:** p. 31 (planta y sección), p. 78 (legado Ramón Vázquez Molezún), p. 82 (planta, legado Francisco de Asís Cabrero Torres-Quevedo), p. 83 (emplazamiento, idem), p. 92 (maqueta, legado Ramón Vázquez Molezún), p. 119 (planta y sección), p. 127 (fotografía y planta), p. 131 (sección y planta, legado Fernando Higueras Díaz), p. 135 (fotografía inferior), p. 147 (plantas, legado José María García de Paredes), p. 154 y 155 (sección y planta, legado Miguel Fisac Serna), p. 159 (legado Julio Cano Lasso); **Teatro Circo Price, Paco Manzano:** p. 52; **Teatros del Canal, Miguel Ángel Gómez:** p. 110–111, p. 111 (fotografía superior).

Esta guía incluye una selección de 150 proyectos en la ciudad de Madrid, pero el patrimonio arquitectónico de esta capital es mucho más extenso. Lamentamos que tantas obras de interés arquitectónico hayan tenido que quedar fuera de este libro.

*Luis García*

**Estación de Servicio Petróleos Porto Pi**

**Detalle del Estadio Santiago Bernabéu**

# Autores

**Juan Valle Robles**
Madrid, 1979. Dr. Arquitecto por la UEM (Universidad Europea de Madrid), donde se licenció en 2005 y obtuvo el doctorado en 2013 con calificación de sobresaliente en su tesis *Ciudad Global. Sostenibilidad metropolitana: ciudades en el Golfo Pérsico*. Su trayectoria como arquitecto y gestor de proyectos ha tenido un carácter internacional. Su investigación se centra en el futuro sostenible de las ciudades en Oriente Medio. En 2014 y 2015 colaboró con Naciones Unidas como experto en los Congresos de Ciudades Latinoamericanas Sostenibles de Lima y Ciudad de México.

**Irene Valle Robles**
Madrid, 1985. Estudió arquitectura en la UEM (Universidad Europea de Madrid) y se graduó en 2013 tras estudiar un año en la École Spéciale d'Architecture de París. Su interés por la rehabilitación le ha llevado a colaborar con el Servicio de Estrategia Urbana del Ayuntamiento de Madrid en el documento ejecutivo del Plan Director de Intervención en la Gran Vía y su entorno, así como a trabajar en el Departamento de Proyectos y Obras del Colegio Oficial de Arquitectos de Madrid como arquitecto asistente en la gestión y mantenimiento de su patrimonio.

# Agradecimientos

Archivo de Villa, Ayuntamiento de Madrid; Imprenta Municipal-Artes del Libro, Ayuntamiento de Madrid; editorial del Colegio Oficial de Arquitectos de Madrid; biblioteca del Colegio Oficial de Arquitectos de Madrid, especialmente a Cristina García Pérez; Servicio Histórico del Colegio Oficial de Arquitectos de Madrid y su extensa base de datos de edificios de la ciudad, especialmente a Alberto Sanz Hernando por su gran generosidad; MM. Mercado de San Miguel, por facilitarnos sus fantásticas imágenes; Alfonso Quiroga, gran fotógrafo; Centro de Estudios Hidrográficos del CEDEX (CEH-CEDEX), especialmente a Enrique Mendiluce; Centro Cultural Conde Duque, por su autorización para publicar imágenes de sus magníficos espacios interiores; Matadero Madrid, por facilitarnos imágenes de todos sus espacios; Teatro Circo Price, por facilitarnos fotografías de su impresionante pista central; Campus Repsol, por permitirnos realizar una visita guiada; Archivo General de la Universidad de Navarra; Cano Lasso Arquitectos, familia de Julio Cano Lasso; familia de José Antonio Coderch y de Sentmenat; IBA Capital Partners y el Centro Comercial ABC Serrano, especialmente a María Gistau y Giuseppina Bucci, por facilitarnos fotografías del interior; Colegio LaSalle Nuestra Señora de las Maravillas, por facilitarnos imágenes del interior del gimnasio; Teatros del Canal; Archivo Torroja, CEHOPU-CEDEX; Hipódromo de la Zarzuela S.A., por su autorización para publicar fotografías de sus espacios y por organizar una visita para nosotros; Ábalos + Sentkiewicz Architects; JCDecaux España, por su autorización para publicar una imagen del interior del edificio; AENA, por facilitarnos fotografías del interior de la Terminal 4 del Aeropuerto de Madrid; Ángel Nodar del Real, por todas sus enseñanzas, su generosidad y su apoyo, y a la Fundación Alejandro de la Sota (www.alejandrodelasota.org), por permitirnos el acceso a su archivo y la reproducción del material original del arquitecto, así como por la creación del excelente sitio web www.archivosarquitectos.com, que tanto contribuye a la difusión del patrimonio arquitectónico español. Finalmente, gracias a nuestra familia por todo su apoyo y paciencia durante este tiempo de trabajo.

La *Deutsche Nationalbibliothek* incluye esta publicación en la *Deutschen Nationalbibliografie*; datos bibliográficos detallados pueden encontrarse en Internet en el sitio http://dnb.d-nb.de.

ISBN 978-3-86922-591-3 (español)
ISBN 978-3-86922-398-8 (inglés)


www.dom-publishers.com



*Corrección*
Lupe Bezzina

*Diseño*
Irene Valle Robles
Lupe Bezzina

*Planos*
Irene Valle Robles
Lupe Bezzina

*Impresión*
Tiger Printing (Hong Kong) Co., Ltd.
www.tigerprinting.hk

DOM
publishers